自分も相手も
ラクになる
正しい〝丸投げ〟

任せるコツ

Wataru Yamamoto
山本 渉

すばる舎

はじめに

「任せる」というのは、なぜこんなにも難しいのでしょうか?

簡単なことのように見えて、「任せられない」と悩む人が、私の周りでも多く見受けられます。それはビジネスの場でも、家事などの日常シーンでも同じです。

私自身もかつて任せることができず、仕事を抱え込んでいました。

この本を手に取っていただいたということは、あなたもその一人でしょうか?

でも、ご安心ください。

本書を読めば必ずできるようになります。

ただ任すだけでなく、**相手を成長させて感謝される任せ方ができるようになります。**

私は現在、大手マーケティング会社のジェネラルマネージャー兼、部長を束ねる統括ディレクターとして、年間100近いプロジェクトのアサイン（仕事を割り振り、適した人材に依頼すること）を担当しています。

規模の大小を問わず、これまでさまざまな仕事を依頼（丸投げ）してきました。そこには成功もあり、その何倍もの失敗もあり、どちらからも学びがありました。

本書を読み終えたみなさんが、効果的な〝丸投げ〟を実践し、みなさんの周りの方々も依頼されたことを喜んで引き受けてくれる。

そうなることを願って、現場での経験から得た、技術、スキル、心構え、スタンスなど、シェアできるものは惜しみなく入れ込みました。

サブタイトルにある〝丸投げ〟というワードから、ブラックな印象を持たれた方もいらっしゃるかもしれません。人に仕事を押し付けたら、そのぶん誰かがつらくなる。そう思われたかもしれませんが、本書の意図はむしろ逆です。

依頼された側に満足感や達成感を与えるお願いとは何かをまとめています。

「自分も相手もラクになる」とありますが、気持ちの部分も含めた広い意味合いで〝ラク〟と表現しています。

任せることや、〝丸投げ〟に否定的な印象を持たれている人にこそお読みいただきたい内容になっています。


日々マネジメント業務をしていて実感するのは、**「間違った丸投げ」が横行しているということと、相手のことを考えた「正しい丸投げ」は個の成長を促し、組織全体の幸せにつながる**ということです。

この二つの違いを知れば、乱暴に仕事を振って自分だけ楽になろう、などと考える人はいないと確信しています。

- 人に頼みごとをするのが苦手
- チームワークがうまくできない
- 部下が思うように動かない
- 自分でやったほうが早いので任せられない

・新人の教育係を任されて不安
・ついつい自分で仕事を抱え込んでしまう
・自分と同じように動ける人がほしい
・効率が悪いとよく言われる
・労働時間が長くてプライベートな時間が持てない

こういった方々に、本書は必ず役に立ちます。

仕事の現場での経験をもとに書いていますが、ビジネスに限らず、任せるコツはさまざまな側面で役立ちます。

・配偶者にもっと家事をやってほしい
・PTAやマンション理事の会長を引き受けてしまった
・結婚式の2次会の幹事になって、いろいろな人を巻き込まないといけない

誰かにお願いごとをする機会は身近にたくさんあり、人生で避けて通れないもので

す。それならいっそ、得意になってしまったほうが楽ではないでしょうか。
さらに、依頼した人が喜んでくれたら、言うことはありません。

また、ここに書かれていることを実行するのに、特別な能力は必要ありません。意識すれば誰でもできること、明日からできることだけを載せています。人付き合いが苦手でも、コミュニケーション能力が低くても大丈夫です。

私自身が元来そういうタイプの人間です。高校を中退して長らく引きこもり、今でもお店の店員さんとは話すのも苦手で、タクシーでも美容院でも、話しかけられないオーラを出すほどのコミュ障っぷりです。
それでも、ここに書かれていることを実践するようになってからは、ビジネスの場での共同作業に苦手意識はなくなりました。

VUCA《ヴーカ》（Volatility Uncertainty Complexity Ambiguity）と呼ばれる、変化し続け、不確実で、複雑で、曖昧な時代に突入しています。

働き方改革による労働時間の削減、コンプライアンス順守の流れもあり、マネジメントする側としては頭を悩ます局面が多いことでしょう。

でも、この世の中の変化は、より健全な環境をつくり、クオリティ・オブ・ライフ（人生の質）を向上させるチャンスです。

「正しい丸投げ」は、じつは時代にマッチした技になる、と断言できます。


〝風が吹いたとき、ある者は壁を建て、ある者は風車をつくる〟


これは古来の中国のことわざですが、せっかくなら後者になりませんか？

新しいエネルギーを生み出し、職場に、そして人生に心地よい風を送り込む風車をつくるガイドに本書はなります。

時代の変化を利用して、ご自身も、周りの方も幸せにする「正しい丸投げ」を一緒に実践していきましょう。

第2章

「誰に頼むか」ですべてが決まる

第3章

「丸投げ」の前後にあるもの

第4章

時代に合った任せ方

第5章

それでも「任せられない」人に

第6章

育成の真髄

PART 2 任せて伸ばす「丸受け」できる人材の育て方

第7章

任せる技術は褒める技術

第8章

モチベーションの上げ方「4＋1」

第9章

任せて最高の成果を出すために

PART 1

ドラッカーが教えてくれない「丸投げ」の極意

第1章

「どう頼むか」にはコツがある

1 依頼に「意義」と「価値」を足すポイント

「このデータから必要な要素だけ抜粋して、週明けの朝までに資料つくっといて。○○さんが嫌だっていうからさ、君やってよ。誰にでもできる内容だから、ちゃちゃっとお願いいね」

こんな依頼をされて快く受けられる人は、相当な人徳者か、ブラックな環境に慣れすぎて感情を失っているかのどちらかでしょう。

この〝丸投げ〟には、ダメな要素のすべてが詰まっています。

第1章では、どのように依頼すると相手は気持ちよく引き受けてくれるか、高いパフォーマンスを発揮してくれるかという**〝どう頼むか〟**に関して、解説していきます。

論点はこちらです。

・意欲創出
・目的の明確化
・欲求充足
・選択肢の提示
・負担の配慮

●●・「学生キャバクラ理論」で伝え方の順番を意識する

突然ですが、「学生キャバクラ理論」をご存知でしょうか？

「キャバクラで働く人が昼に大学で勉強している」と聞くと、「それは偉い」と感心する人が多く、「大学生が夜にキャバクラで働いている」と聞くと、「それはけしからん！」と叱る人が多い。

つまり、**同じことを伝えるにしても、情報の順番で大きく左右する**という話です。

何かを依頼するときも、伝える情報の順番で印象は変わります。

「切り出し方が9割」といっても過言ではないくらい、出だしが重要です。

冒頭に挙げた依頼例も、こういう切り出し方をしてみるとどうでしょう？

「先週の資料ありがとう。役員会議で提出したらわかりやすいって評判で、またお願いできるかな？　プロジェクトが承認されるかが懸かってる重要な書類で、この完成度でできるのが△△さんしかいないんだよ」

印象が大きく変わりませんか？

まずは受け入れやすい情報からスタートして、心を開いてもらうことが大切です。

冒頭の依頼例と比較して、新しく入った重要な要素は、「意欲創出」と「目的の明確化」です。

相手の意欲をつくり出す

まずは、「**意欲創出**」。

〝仕事を受ける側はすべての仕事を面倒と思っている〟という前提からスタートしましょう。

〝やってみよう〟と思ってもらう意欲を、依頼する側がつくりだす必要があります。

そのためには、**「感謝される」「褒められる」「自分しかできない特別感」の３つがポイントです。**

先ほどの依頼例の中では、「ありがとう」「評判で」「△△さんしかできない」がそれらにあたります。

ここで、とある中堅の社員エピソードを一つご紹介します。

彼女は議事録を積極的に引き受けてくれていました。

議事録とは、会議中に話された要点をまとめて、取引先と合意内容を確認したり、参加できなかったチームメンバーにシェアするためのメモです。

面倒くさいし、会議中にメモすることに労力を取られるので、みんなやりたがらず、一番若手が担当させられることが多いものです。

ある日、「なんで自ら手を挙げるのか」と質問すると、彼女は「〝議事録をとてもよく整理できている〟と取引先から以前に褒められたことで、自分でも得意と感じている。また、後輩からも感謝されるから」と理由を説明してくれました。

まさに、**褒められ、感謝され、自分しかできない、**の3つのポイントが彼女の動機となっていました。

●「目的」をはっきりさせる

もう一つの重要な要素は「**目的の明確化**」です。

その依頼内容が何のためのものかを、はっきりさせることが大切です。

このトピックには、「3人のレンガ職人」の寓話がよく使われます。

〝レンガを積む作業をしている労働者が何をしているかを尋ねられて、それぞれ「レンガを積んでいる」「壁をつくるために積んでいる」「教会を建てるために積んでいる」と答えた〟というものです。

目的を理解することによって、モチベーションも仕事に対する意識も変わってくることを訓示しています。

目的がはっきりすると、その依頼の全体像が見えて、ただの「作業」に意義と価値が足されて、「仕事」になります。

そのことで、そのタスクが自分ごと化されて、参加意識が芽生えます。

地味なこと、面倒なこと、簡単に見えることこそ、その目的を明確にして、どう役立つのかを伝えることが大切です。

「ただデータを抜粋する」
↓承認を得るための重要な書類作成
↓プロジェクトを成功させる

「部員の送別会の店予約」
↓良い店で会を盛り上げる
↓部全体の一体感が増す

このように、すべての作業はその先の大きな意図や意義があります。

どこまで伝えると意欲が湧くかを判断して、適切な依頼をしていきましょう。

この項目でお伝えしたことは、モチベーション向上に最大限寄与するポイントです。「やる気の出し方」というのは、相手の状況や能力によっても変わり、シンプルなものではありません。

モチベーションの上げ方については、第8章でさまざま具体的事例とともに深掘りしていきます。

POINT

- 「意欲創出」相手の意欲が湧く話から始める
- 「目的の明確化」作業内容を伝えるだけではなく、その意図や意義を伝える

2

利己的依頼から利他的依頼へ

「そこの醤油取ってください」といった日常のことから、「私と付き合ってくだささい」というような大きな依頼までをすべてカウントすると、人は1日に約20～30回のお願いをする、と言われています。

仕事でもプライベートでも、頼むからには相手に「イエス」と言ってほしいものです。

「ノー」と言われてしまう頼み方を一言で表すと、頼む側の一方的な都合でしかないものです。

デートの誘い文句で例えるとわかりやすいです。

「今週末ドライブ行かない？　俺、暇なんだけどさ、君が助手席にいると見栄えがいいんだよね」

この誘い方は「**依頼者都合**」だけの誘い方です。同じドライブに誘うにしても、相手の欲求に沿った「**受け手都合**」にすると、印象はかなり変わります。

「前に好きだって言ってたカフェがリニューアルしたから、ドライブがてら行かない？」

どちらがいい返事がもらえそうかは明らかです。

前者のような自分本位な誘い方をする人はあまりいないと思いますが、ビジネスの場ではこれに近しいことをよく見かけます。

●●● 相手にメリットがあるように言い換える

「締め切りが明日までで、間に合わないから手伝って」

「部として重要な案件だから、休み返上で取り組もう」

このような場合でも、「**この仕事をやってほしい**」という**こちらの都合を、「その仕事をやりたい」という相手の欲求に沿った文言に変換する必要があります。**

「規模の小さい案件なんだけど、自分がリーダーになって進められる仕事がしたいって言ってたから、お願いできるかな？」

「○○さんは若手でもトップクラスの営業成績だから、次のステージに行くために、新人のトレーナー役を引き受けてくれないかな？」

「ここで結果を残せば、来年は人員を増やせて負担も減るから、今回は部のみんなで残業して取り組もう」

このように言い換えれば、多少なりとも相手の欲求を加味した依頼になります。

ビジネス以外でも同じです。

「いつもたくさん意見をいただくので、実現させていくために、マンションの管理組合の幹事を一緒にやっていただけませんか？」

このように相手の意向に沿った文脈に変換し、メリットを提示することが必要です。「欲求充足」という考え方です。

ただ、やりすぎには注意が必要です。

すでにモチベーションが高く、「このプロジェクトをチームのためにがんばろう」

と思っている人に、例えば「ボーナスを上げるよ」といった外発的要因を与えると、やる気が低下してしまいます。

心理学で「アンダーマイニング効果」と呼ばれるものです。

子どもの頃に、「いい学校に入学したいから勉強しよう（内発的要因）」とやる気になっているのに、親から「勉強しないとお小遣いあげないよ（外発的要因）」と言われて、やる気を失った経験はなかったでしょうか。

「君のためになると思うんだ」「出世にいい影響があるよ」などの恩着せがましい発言も、メリットに見えてやる気を失う原因となる可能性があるので気をつけましょう。

POINT

- 利己的依頼→利他的依頼に変換が必要
- 相手の意向に沿った「欲求充足」を心がける
- 外的要因でやる気を削ぐ「アンダーマイニング効果」に注意

３
「断る余白」頼みづらい案件こそ選択肢を

１節の冒頭でご紹介したダメなお願いの例文ですが、じつは一番の問題は、依頼された側に「断る余白」が用意されていないことです。

「やってよ」と上司に言われたら、もし週末に予定が入っていたとしても、「できません」とは言いづらい人が多いでしょう。

メンバー（部下や部員）全員のコンディションを完全に把握するのは難しいかもしれませんが、**余力がない前提で断りにくくしない工夫が必要です。**

「最近忙しくしているようですが、このスケジュールでできますか？」
「新しいチャレンジになると思いますが、○○はできますか？」
「無理しないでください」
「難しいようでしたら、気にせず言ってください」

これらの言葉は、「選択肢の提示」と「負担の配慮」の役割を果たします。

「これは仕事なんだから、できる／できないじゃなくて、やるんだよ」という昔ながらのスタンスではもう通用しません。

メンバーの健康管理は、マネージャーとしてとても重要なことです。

部下に気を遣って、そんな言い方で断りやすくしては仕事も滞ってしまう、という意見もあるでしょう。

なぜこの配慮が必要かというと、健康管理の意味合いもありますが、良いパフォーマンスにつながるからです。

ご自身の過去の仕事を振り返って、向いてないと思っていてもイヤイヤ受けたり、まったく時間がなく大慌てでやったもので、良いアウトプットが出せたことはあったでしょうか？

無理なアサインが、良い結果を生むことはありません。

相手の負担を考えて、断る余白がある依頼を心がけましょう。

●●・引き受けてもらうためのテクニック

とはいえ、ビジネスでもプライベートでも、どうしても受けてほしいときや、代替がいない場合もあります。

ここまで「断ることができる選択肢」をお伝えしましたが、ここからは**「受けてもらうためテクニック」**をご紹介します。

断りにくくする小細工は、いろいろとあります。

①イエスを積み重ねる

「はい」と言わせる質問を重ねたあと、本題の依頼をすると、流れで「はい」と返事をもらえる。

②大変なものから提示する

はじめに無茶なお願いを提示して、その後に現実的な依頼をすると、比較して負担が楽に見えて受け入れてもらえる。

③小出しにする

負担の小さな仕事をまず受けてもらい、後出しでこれもお願い、あれもお願いと徐々に追加していく。

これらは断らせないテクニックではあるのですが、あまりお勧めできません。

本書の目的が「ただ仕事をやらせる」ということではなく、「相手に満足感を与えて成長を促すことができるか」という基準だからです。

この手法は、受けてはもらえるかもしれませんが、依頼された側も「うまく丸め込まれたなあ」と後から気がつきます。小細工でしかなく、抜本的な解決にはなっていません。

では、高いモチベーションとパフォーマンスで受けてもらえる依頼法は何か？

ここまでで述べた**「意欲創出」「目的の明確化」「欲求充足」が基本となります。**

●●・好意を伝える

それに加えて、侮れないのが「**好意**」です。

「去年の面談で、地方創生に興味あるって言っていたから、ずっと探してたんだけど、近いカテゴリーの仕事があるからお願いできるかな？」

「仕事ぶりを見てると、こまかいこともミスなく丁寧に進めてるから、提案資料の校正係を受けてもらえるかな？」

「自分のことを覚えてくれている」「よく理解してくれている」ということは、お互いの「好意」として捉えられ、依頼を受け入れやすくします。

社会心理学者が提唱し、人を動かす原則として有名な「チャルディーニの法則」にも、「好意」は要求を通りやすくする重要なファクターとして紹介されています。

POINT

- 依頼時に、断ることができる余白があるかをチェック
- 相手の負担をケアする
- 「好意」は依頼を受けてもらう鍵となる

4

頼み方の大前提

ここまでは、任せるための「頼み方」のコツをお伝えしてきました。モチベーションを高められるか？　主体的に動いて高いパフォーマンスにつながるか？　相手をつぶす間違った丸投げになっていないか？

依頼案件がうまくいくためにも、ポイントを改めて確認してみてください。

□意欲創出（相手がやりたいと思える文脈になっているか）
□目的の明確化（なぜ必要なのか理由を伝えているか）
□欲求充足（利己的都合ではなく相手にメリットがあるか）
□選択肢の提示（断る余白があるか。スケジュールに相談の余地があるか）
□負担の配慮（負担を減らす工夫や相談の余地があるか）

この他にも、ビジネスの場合では大前提として、スケジュール（いつまでにしてほしいか）を明確にする必要があります。

お願いをした後から、「あの件、明日が締め切りなんだけど、できてる？」というのはご法度です。

もし相手の経験が浅く、不安を抱えているようなら、こまかく状況を確認するのは悪いことではありません。

依頼する際に「来週中に企画書を一度見せてください。一緒に詰めて、再来週に顧客に提案できるようにしましょう」というように、スケジュールと共に依頼をしましょう。

●●・任せるタイミングを見計らう

頼み方に関して重要なことの一つが「いつ依頼するか」、つまり〝タイミング〟です。

早いに越したことはないのですが、声をかけるタイミングが悪い人がいます。ちょうど帰宅しようとしているところに、嫌な上司が「ちょっといいかな、これお願い」とデスクに大量の書類を置いていく、というシーンがよくドラマやコントであります。

このようにならないように、絶好のタイミングで声をかけたいものです。

私は年に100近いプロジェクトのアサインをしていますが、相手が心地よく受けてくれるタイミングを発見しました。

依頼をするベストタイミング、それは「褒める」とセットのタイミングです。

「こないだの提案資料を見たけど、とてもよくできてたね」「取引先の部長が絶賛してたよ」と褒めたその流れで、「このプロジェクトでも同じように……」と依頼すると、前向きに受けてもらえます。

この「褒める」とのセットは、1節でお伝えした「**意欲創出**」にもなっています。

頼む際は威張ったり謝ったりしない

第1章の最後に、頼み方のNGを二つお伝えします。

一つ目は「威張る」。スタンスの問題です。

上司は偉い、マネージャーが上でメンバーが下、という認識の人はもう絶滅していると信じたいですが、「これをやれ！」「あれをやれ！」というように命令口調で言ったり、「無理やりやらせる」は今の時代にマッチしません。

マネージャーとメンバーは役割が違うだけで、上下の関係ではありません。

無茶振りとも言える「間違った丸投げ」をしている人の共通点は、上から目線で「仕事をあげている」という認識の人です。

スタンスに気をつけて依頼していきましょう。

もう一つのNGは「謝る」です。威張るのもよくないですが、ひたすら腰低く下手に出ればいい、ということでもありません。

かつて上司に「ゴメン、ゴメン。申し訳ないけど、これやってくれないかな」と必ず謝りながら依頼してくる人がいました。

とてもいい方でしたが、依頼された側としては「謝るぐらいなら自分でやってよ」と正直思っていました。

申し訳ないという気持ちの表れなのでしょうが、謝られてもモチベーションアップにはつながりません。

この先の章でも繰り返し述べていきますが、本書で推奨する「丸投げ」は成長につながる、相手にメリットのある丸投げです。

感謝は必要ですが、謝る必要はありません。

ぜひ、自信を持って依頼をして、任せてみてください。

POINT

・スケジュールと共に依頼する

・「褒める」とセットが依頼のベストなタイミング

・頼み方のNGは「威張る」「謝る」

PART 1

ドラッカーが教えてくれない「丸投げ」の極意

第２章

「誰に頼むか」ですべてが決まる

5

「意欲」と「適性」を考える

第1章でお伝えした**「どう頼むか」**は、任せるときの基本となりますが、良い成果が出るかは**「誰に頼むか」**が鍵となります。

「任せるなら優秀な人にお願いするのが一番」と考える人は多いです。そのとおりではあるのですが、**「適性」はもっと重要です。**

コストカットを目標としている部品調達部門にスティーブ・ジョブズを配置しても、イーロン・マスクにコンプライアンス担当をお願いしたとしても、モチベーションも成果も上がらないでしょう。

「優秀か優秀じゃないか」よりも「向いているか向いてないか」、もっと言えば「相手がやる気になるか」という基準でアサインをしていく必要があります。

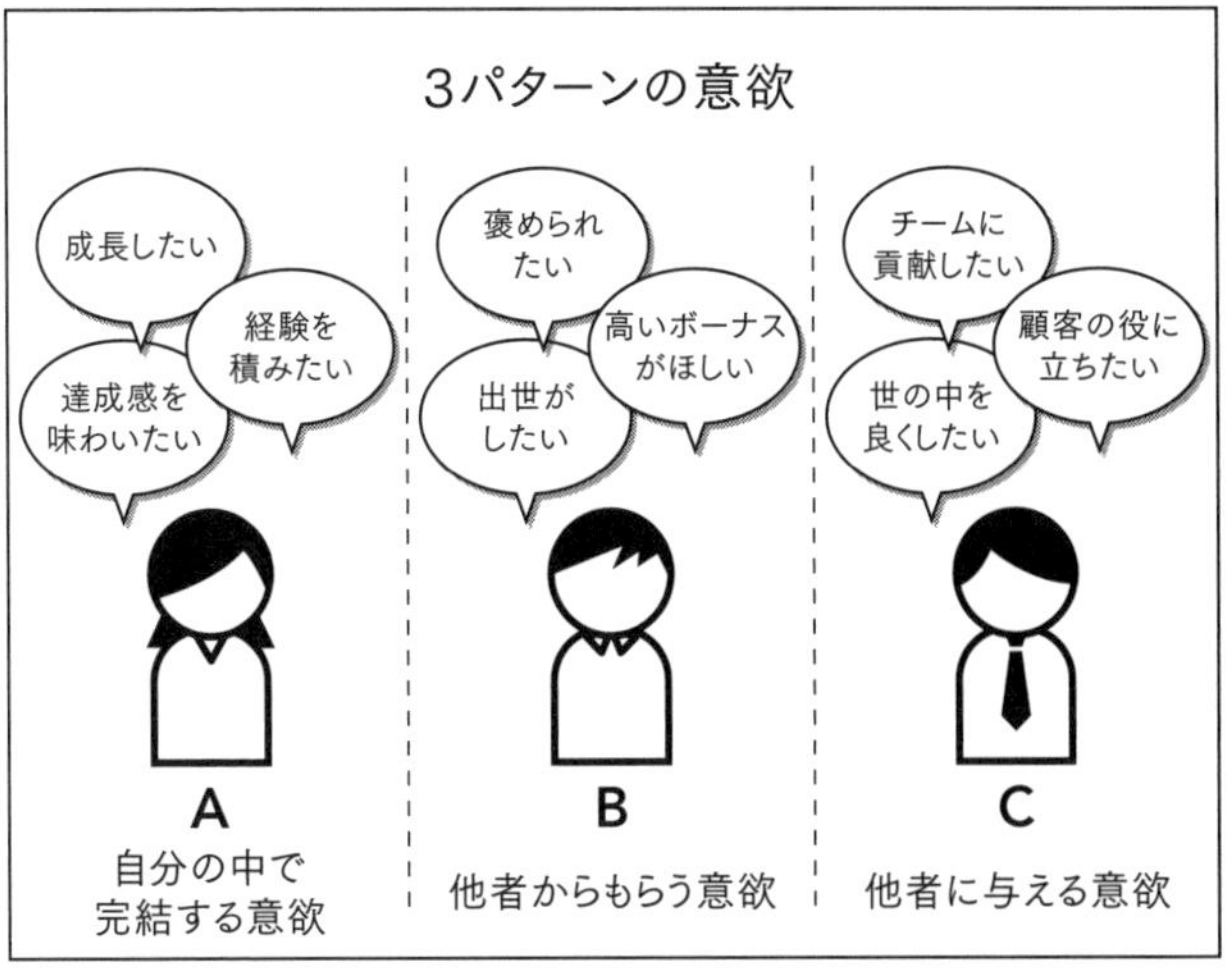

マネジメントをしていて嬉しいことの一つが、アサインしたメンバーが、本人が認識していた以上の能力を発揮して、高い成果が生まれたときです。

そういったケースは、必ず本人が得意な分野で、前のめりに取り組んだプロジェクトです。

つまり、**本人の「適性」（何ができるか）と「意欲」（何がしたいか）が丸投げを成功させる鍵**となります。

まず「**意欲**」に関して解説していきます。

上図のように、さまざまなタイプがあります。どれが優れているということではありません。どれも立派なモチベーションになります。

人によって意欲は違うことを認識する

年配の経営者や管理職の方が、「最近の若者は意欲がない。出世したいとかたくさんお金を稼ぎたいとかない」と不思議がっていたりしますが、意欲自体がないのではなく、異なったベクトルの意欲を持っているだけです。

41ページの図でお伝えすると、年代だけでは一概に言えませんが、年配層はBに、若年層はCに寄る傾向があります。

私自身には、そのような感覚が20代の頃にはなかったので感服するのですが、新人を見ていると、学生時代から社会奉仕活動をしていて、「世の中にどれだけ貢献できるか」が、職場での一番の意欲やモチベーションになっている人が多いです。

重要なのは、さまざまな「意欲」があることを理解すること。そして自分を基準に考えないということです。意欲を理解すれば、あとはその意欲と仕事の特性をマッチングしていくだけです。例えば、

案件1　何十億円もの扱いがかかった新規取引の開拓
案件2　地球環境に配慮した新商品の開発

Aさんの意欲　「より良い世の中にしたいと思っている」
Bさんの意欲　「出世願望が強く大きな仕事がやりたい」

この二つのプロジェクトと二人のメンバー、どの組み合わせがうまくいきそうかは、答え合わせが不要なほど明快です。ビジネス以外でも、この「意欲」は誰にお願いするかの選択時に重要な要素となります。

結婚式の2次会の幹事を任せるのに、「暇そうだから」「声をかけやすいから」よりも、「結婚する友人と親しくてパーティーを盛り上げたい」という意欲を持った人にお願いするほうが得策でしょう。

POINT
・さまざまな意欲があることを理解する
・メンバーの「意欲」と「適性」にマッチしたアサインをする

⑥

適材適所、人は誰も得意不得意がある

私の高校時代に、忘れ物が激しい同級生がいました。頻繁にお弁当を忘れ、持ってきた日でも今度はお弁当箱を持ち帰るのを忘れる。一緒に服を買いに行けば、必ず電車の網棚に置いてくる。

そんな彼が、大学を出て就職したのが、とあるブランドのジュエリー部門で、はじめに任されたのが、宝石を取引先に運ぶという仕事でした。

悲劇の香りしかしません。案の定、出張先の電車に忘れてしまいました。

結果的には戻ってきたのですが、年収を超える宝石が詰まったブリーフケースが見つかるまでの数時間、生きた心地がしなかったと語っていました。

ここでお伝えしたいのは、**誰にでも不得意な分野がある**、そして**依頼する側はそれを避けてアサインしましょう**、ということです。

「不得意なことこそやらせて、克服させるのがマネジメントじゃないか」という意見もあると思います。

〝人が何かを成し遂げるのは、強みによってのみである、弱みはいくら強化しても平凡になることさえ疑わしい〟（＊1）

経済学者のドラッカーの言葉のように、**短所を改善するより強みにフォーカスしたほうが得策です。**

ちなみに、この友人は転職して、今では自分に合った仕事で活躍しています。

●●● 人ありきで仕事をマッチングさせていく

ここで、「**意欲**」と「**適性**」をあらためて、まとめて解説していきます。

それぞれ、意欲＝〝WANT〟と適性＝〝CAN〟に言い換えることもできます。

メンバーの「**意欲**」**＝WANT（何がしたいか）と**「**適性**」**＝CAN（何ができるか）が重なった部分を見極め、それにマッチングした仕事を添えていく、というのがアサインの真髄です。**

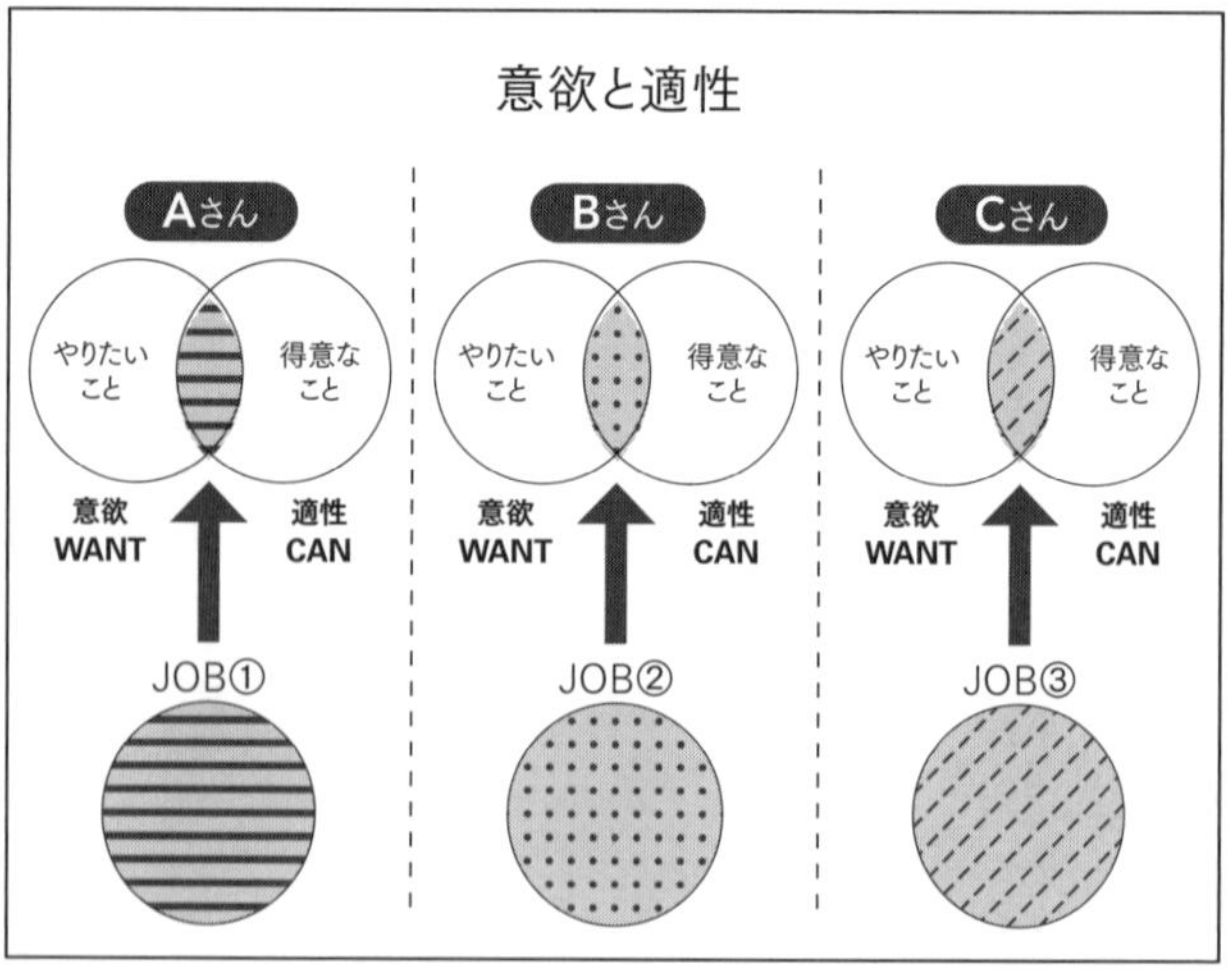

プロジェクトアサインやスタッフィングの世界でよく使われる、核心を突いた言葉があります。

“矢の周りに的を描け”

どんな弓矢の達人でも的を外すこともあるでしょう。でも、すでに射られた矢の周りに的を描けば百発百中です。

後出しのようにも聞こえますが、アサインとは当たるかわからない矢を放ってもらうより、適した人材に仕事を寄せるほうが成功の確度は高いです。

先ほど「**それにマッチングした仕事を添えていく**」とお伝えした際に、「添える」という言葉を使ったのはこの理由です。

上の図の場合、JOB①が発生したとき

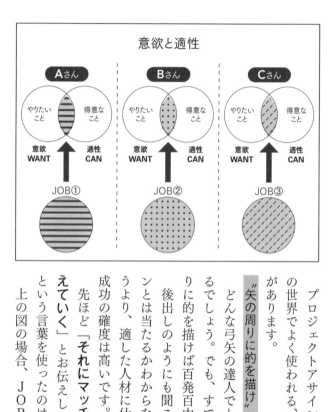

に、まず「空いている人」「声をかけやすい人」に頼み、その人の「意欲」や「適性」をJOB①に近づけていくのは大変です。

部下がなかなかやる気になってくれない、期待どおりのパフォーマンスを発揮してくれない、と嘆いている人はこのやり方が多いです。

まずは人（「意欲」と「適性」）ありきで、そこに仕事をマッチングさせていきましょう。これを実現するには人を見る洞察力と目利き力が必要です。

ただ、特殊な能力が必要なわけではありません。

面談など、人となりを引き出すテクニックを第3章で詳しくお伝えしていきます。

コツを掴めば誰でもできることですので、ご安心ください。

POINT

・誰にでも不得意な分野があるので、それを避けてアサインする
・矢の周りに的を描け。最初に人ありきで仕事を添えていく

＊1引用：『マネジメント〔エッセンシャル版〕－基本と原則』ピーター・F・ドラッカー著／上田惇生訳（ダイヤモンド社）

7 不得意が多い人との向き合い方

前節で出た不得意分野や欠点に関して、もう少し深掘りしていきます。

短所があるからといって、仕事を任せられない、ということではありません。

「誰にでも不得意がある」という前提に立ち、苦手なことが多いメンバーとどう向き合うかをここからお伝えします。ポイントは次の3つです。

①すぐに直る短所は改善する
②短所をポジティブに活用する
③チームで補強し合う

①すぐに直る短所は改善する

前述した私の友人のように、子どもの頃からの癖でなかなか直らない短所や、その人が本質的に苦手とするものを改善するのは容易ではありませんが、すぐに修正できるものもあります。

例えばですが、話も上手で提案力もある優秀な営業だけど、身だしなみが不潔で第一印象が良くないという場合。

髪型を変え、髭を剃り、服を変えれば簡単に解決します。

ジャッジのポイントは、本人が認識しているかどうかです。

気づいていない短所なら、当然まだ直したこともないので、トライしてみる価値はあるでしょう。

②短所をポジティブに活用する

直すのではなく、短所を長所に変えていくという考え方です。

突然ですが、みなさんは歴史上の人物で理想の上司は誰でしょうか？

坂本龍馬や徳川家康などの名がよく挙がりますが、私は〝堀秀政〟と答えます。

戦国時代に織田信長や豊臣秀吉に仕えた武将で、人を使うのがうまく「名人」と呼ばれた人物です。次のような話があります。

盗賊が頻繁に出没する場所で、陣を張ったときのこと。家臣に警備を命ずるのではなく、「こういう風の強い日は襲われやすい。奪われるのも残念だから、わしが泥棒に入ろう」と言いました。

家臣は殿様に盗まれては大失態になると自ら警備を強化し、堀秀政の陣だけ盗賊被害に遭わなかったそうです。

●●● 欠点を長所に変える

もう一つ、適材適所の好例ともいえる、興味深い逸話も残っています。

家臣の一人に泣きっ面の男がいました。他の家臣が「縁起も悪いし、暇を出しましょう」と進言したのに対して、堀秀政は「法事や葬式の使者にするのにちょうどいい」と答えたそうです。

“欠点を長所に変えて人を活かす”

このようなところが、私が理想の上司と考える理由です。

メンバーに弱みがあったとしても、それをポジティブに活かす場所はないかを一度は考えてみましょう。すぐにはなくても気に留めておくと、いつかぴったりのタスクが見つかるかもしれません。

「②短所をポジティブに活用する」は、なかなかビジネスの場で実践できる機会は少ないと思いますので、本命の「**③チームで補強し合う**」を次の節で解説していきます。

POINT

- 本人が自覚していない短所は改善する
- 弱みを直すのではなく、活かす方法がないか、一度は検討する

8 ビジネスは究極の団体競技

不得意な分野があるメンバーを活かすために、圧倒的に有効なのが「③チームで補強し合う」です。

"ビジネスは究極の団体競技"

これは20世紀最高の経営者と言われた、GE（ゼネラル・エレクトリック社）のジャック・ウェルチの言葉です。

ビジネスの場では、一人で完結することのほうが、むしろ珍しいと言えるでしょう。不得意なことがあっても、さまざまな人の力を借りて、チームで補強し合えばいいのです。もし、スティーブ・ジョブズにウォズニャックがいなかったら、と想像してみてください。

得意／不得意は誰にでもあるので、相互補完し合えるよう、マネージャーは最適なチームづくりをしていきましょう。

●●• 個人の欠点はチームの欠点にはならない

「コミュニケーション能力は低いけど、専門的技術がある」「こまかいことが全然できないけど、取引先からやたら愛される」「感覚的でロジカルではないけど、圧倒的な発想力がある」など、**人は短所と長所を持ち合わせているものです。**

闇があるから光が輝きます。周りを見渡してみてください。何かに秀でている人は、何か問題があるものです。私も仕事をしたいと思える人は、欠点がある人です。

欠点を受け入れ、お互い補完し合い、チームワークで成果を最大化するのがマネジメントの醍醐味です。

オリンピックやワールドカップなどの国際大会で、スター選手だけを集めたドリームチームが負けてしまうことがよくあります。野球でもサッカーでもバスケでもそうですが、個人の能力よりもチームとして完成度が勝るという例です。

スタープレイヤーを集めるより、協力・補強し合う強いチームを目指しましょう。

他がダメでも、一つ得意分野がある人を見つけられたら、チーム内で戦力となります。リーダーは短所と長所を見極めてチームをつくり、任せていきましょう。

例えば「発想力がある人のアイデアを技術力がある人が形にして、プレゼン力がある人が売り込み、数字に強い人がマネタイズする」といったことが可能になります。

個人の欠点が、そのままチームの欠点にはなりません。

弱点を補填し合えるチームが強い

最後に、短所を受け入れたチームをつくろう、と提言する理由をお伝えします。

それは、今の時代性にマッチしているからです。

かつての組織は、カリスマ性のあるリーダーが強引にチームを引っ張り、部下はフォロワーとして組織の歯車となってついていく、ということで機能していました。

今は会社も、取引先も、消費者も、世の中も多様化して、「これが正しい」という一つの正解がない時代です。

さまざまな視点が求められる今、一人の牽引力に頼るのは危険です。

欠点や弱点を持ったさまざまな人が集まったチームは、多面的な視野でものごとの判断ができて、多様性社会に最適化した組織となります。

すべてができる完璧な一人より、弱点を持って補填し合えるチームは強い。

さまざまな色でできた虹のようなチームが、これからの理想的組織です。

そして、**リーダー自身も弱みがあっても大丈夫です。**

リーダーには圧倒的な能力とカリスマ性が必要、と自分にプレッシャーをかけてしまいがちですが、その必要はありません。

今、マネジメントに必要なのはカリスマ性よりも「**共感力**」です。

リーダー自らに弱みがあることは、この「共感力」の源となるでしょう。

POINT

- ビジネスは団体競技、チームで弱点を補強し合う
- 弱点を持ったメンバーが補強し合うほうが、今の時代はより強い
- リーダー自身も欠点があっていい

9

チームづくりの留意点

前節で、チームで戦うことの大切さを理解していただけたかと思いますので、第2章の最後に、チームづくりの留意点を解説していきます。

小学生の頃、私はサッカーのクラブチームに所属していました。運動神経はさほどよくなかったのですが、時折ゴールを決めていました。それは、試合が始まる前に相手チームが集まっている側で聞き耳を立てて選手の名前を覚え、試合中に「○○君、パス」とゴール前で名前を呼んで、ボールを奪ってシュートをしていたからです。

そんな、スポーツマンシップのかけらもないスタンスだったので、これといった思い入れも深い思い出もないのですが、一つ忘れられない法則をコーチから教えてもらいました。

その後の人生の要所要所で役に立ったものです。

それは、「つるべの法則」と呼ばれるものです。

●●● つるべの法則とは

つるべの法則の〝つるべ〟。

麦茶のパッケージに載っている、お茶の間で人気の鶴瓶さんのことではありません。

井戸から水を汲み上げるときなどに使う滑車のことです。

右側のロープを下に引くと左が上がってきて、井戸からバケツで水を汲むことができる。その逆に右側のロープを上げると、左が下がるという仕組みです。


サッカーで攻撃に転じるとき、「みんなで一斉に前に出てはダメだ」とそのコーチはグラウンドに指で図を書いて、この法則を説明してくれました。

右のサイドバックが攻めて上がっていったら、つるべのように左は下がる。逆に左が前に出たら右は後ろで守る。両方が攻めて、守備がガラ空きになってはいけないと。

これはサッカー以外でも当てはまる戦術です。

仕事でも全員が熱くなり過ぎると、冷静な判断ができなくなりミスが起こります。

以前、こんなことがありました。

私が30代前半、業界の大きな賞を受賞したこともあり、調子に乗っていた（というか勘違いしていた）頃に、とある仕事にアサインされました。

大きなプロジェクトだったこともあり、同じように勢いのある別の社員と組んで進めることになりました。

しかし、どちらも鼻息が荒く、自分の企画を実施しようと競い合いになり、結果チームは崩壊状態となってしまいました。

●●・つるべの法則をチームづくりに活かす

繰り返しになりますが、**チームで動くメリットは補完し合えることです。**

一人が熱くなれば、一人は一歩引いて、冷静にジャッジする必要があります。

優秀なマネージャーは俯瞰《ふかん》で全体を見て、自分がどの位置に行くべきかを考えたり、攻守のバランスを取ってチームビルディングをしています。

向こう見ずな新人、自信家の中堅、落ち着いたベテラン、控えめなアシスタント……。

それぞれに良さがあるので、**チームリーダーとして、誰がどのように動くと最大効果を発揮できるかを見極めなくてはいけません。**

攻守のバランスは、仕事以外にも当てはまります。

例えば、パートナーがおいしい料理をつくろうと気合いが入っているときに、対抗して、負けじとキッチンを占領して料理を競い合っても、あまりいいことはありません。

一歩引いて、ジャガイモの皮を剥いたり、お皿を洗ったり、サポート役に徹するぐらいがちょうどいいでしょう。

逆にパートナーが疲れているときに、積極的に前に出て家事をすれば喜ばれます。

最後に大切なことをもう一つ。

才能がなかった私とは違い、その後も中学高校とサッカーで活躍したセンターバックの選手がいました。

彼はサイドバックが攻撃に上がって戻ってきたとき、必ず声をかけていました。うまくいったら「ナイスセンタリング！」、失敗しても「ナイストライ！」とねぎらいの言葉を伝えていました。それをただ、ぼけっと眺めていた自分とは大違いです。

「いいプロジェクトになったね」「企画書よくできてるよ」「提案がよかったって取引先の部長から連絡があったよ」「料理おいしかった」など。こういった一言で、モチベーションも任された側の達成感や満足度も大きく変わります。

〝褒めること〟〝感謝すること〟〝ねぎらうこと〟。

これはとても大切なことなので、第7章で詳しく触れていきます。

POINT
・「つるべの法則」全体を俯瞰して、攻守のバランスを考える

PART 1

ドラッカーが教えてくれない「丸投げ」の極意

第3章

「丸投げ」の前後にあるもの

10

傾聴力。コツは聞いて、聞いて、そして聞くこと

第1章では「どう頼むか」、第2章では「誰に頼むか」に関して解説しましたが、**依頼をするときだけ何かに気をつければいい、というものではありません。**

相手の意欲に沿った依頼も、適材適所の人選も、人を正しく理解していないとできません。

いざ、仕事が発生してからメンバーのことを知ろうとしても遅いです。

誰に声をかけるかで迷っていては、仕事に遅れが出てしまいます。アサインでは、スピードが重要です。

そのため、事前にメンバーの人となりを把握しておく必要があります。

この章では、「丸投げ」の前後にあるもの。普段のメンバーとのコミュニケーショ

ンやフォローのコツをお伝えします。

メンバーを知るために大切なこと。

それは、**とにかく聞いて、聞いて、聞くこと。徹底的に聞き手にまわることです。**

〝過去のリーダーの仕事は「命じること」だが、未来のリーダーの仕事は「聞くこと」が重要になる〟

このドラッカーの言葉にあるように、メンバーの言葉に耳を傾けること、傾聴力が何よりも大切です。

普段の業務の中での会話も大切ですが、１対１でおこなう面談が、メンバーの人となりを知るもっとも有効な機会です。

近年導入する企業も増えている「１ｏｎ１」は、メンバーの声を聞くことを重視した面談手法であり、とくに効果的です。

●●● 効果的な面談のやり方

まずは面談の基本です。

対面でおこなうのが望ましいです。近年はリモートで実施することもあるかと思いますが、可能なら、カメラ越しであっても顔を見ながらおこないましょう。

次に、面談で〝何を話すか〟です。

一番大事になるのは、**重要度が高くて緊急度が低い話です（65ページのチャートの左上参照）**。

重要度も緊急度も高いものは、例えば「提出した見積もりに関して、顧客が至急連絡を取りたがっている」ことなど。これは面談まで待つのではなく、急ぎの業務連絡として対応するものです。

また、重要度は低いけど緊急度の高いものは、例えば「交通費精算の締め切りが今日までなので提出してください」などで、こちらも通常の業務連絡で十分です。

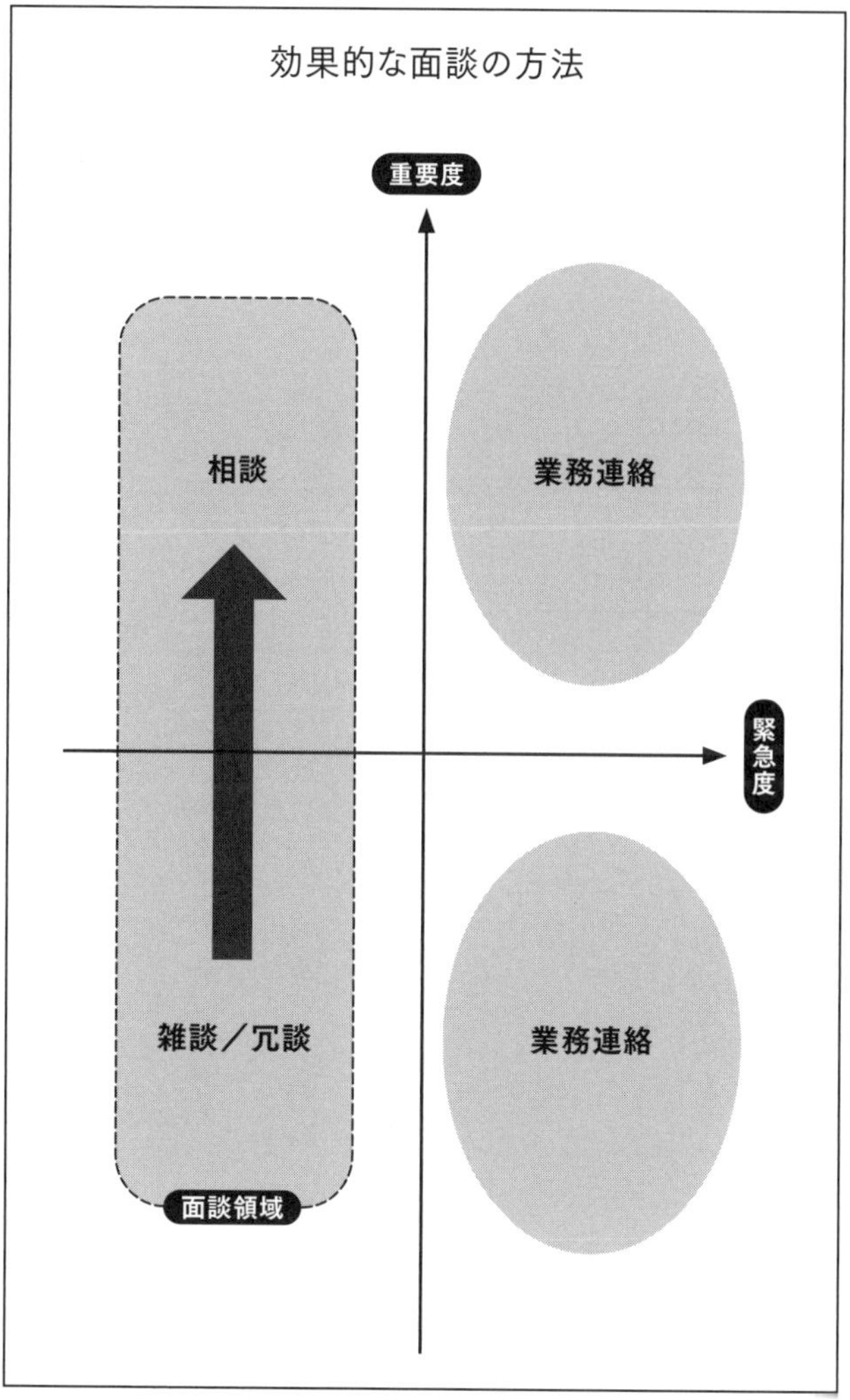
効果的な面談の方法
重要度
緊急度
相談
雑談／冗談
面談領域
業務連絡
業務連絡

これらの急ぎの用件は、面談とは別に、電話やメールや社内のコミュニケーションツールで、スピード重視で対応していきましょう。

面談では「重要度は高いけど緊急ではない」ことを聞く

文字からわかるように、面と向かって談ずることが「面談」ですが、生み出したいのは「**相談**」です。

重要度は高いけれど緊急ではないものとは、「この先どんな仕事がしたいか」「2〜3年後どうなりたいか」「長期の目標は?」といったことから、言いづらい「業務上の悩みや不安」などです。

ただ、いきなりこの領域を聞き出すのはハードルが高いです。

デートに行って、一つ目の質問で「幸せとはなんだと思いますか?」と突然尋ねても、相手は面食らうのと同じです。

いくらそれが一番聞きたいことでも、そこにたどり着くための道が必要です。「好きな食べ物は？」「休日の過ごし方は？」「一番安らぐときは？」と答えやすい質問からはじめて、徐々に核心に近づいていくものでしょう。

それと同じように、ビジネスの面談でも助走が必要です。

そこで重要なのが、65ページのチャートの左下（重要度も緊急度も低いもの）からスタートして、左上（重要度は高いけど緊急度は低いもの）に登っていくことです。これが面談の鉄則です。

ここで発揮されるのが「雑談」と「冗談」です。

次の節で、具体例とともに掘り下げていきます。

POINT

- 普段から面談などで人となりを知る必要がある
- 徹底的に聞き手にまわること
- 面談で話すのは、重要度が高くて緊急度が低いこと

11 面談で重要な「三談論法の法則」

重要な「**相談**」に導くための「**雑談**」と「**冗談**」を、メンバーAさんとの面談のサンプルを題材に見てみましょう。

69ページの図の最後の、

〝Aさんはおばあちゃん子だった〟

これが引き出せたら、この面談は収穫ありです。

その後は、「高齢者向けのプロジェクトに興味はあるの？」など、核心に近づいていけます。

そこから、例えば商品開発の仕事で「○○さんのおばあちゃんが喜んでくれるような商品にしよう」と誘えば、モチベーション高く受けてくれるでしょう。

映画の話からでは遠すぎると感じる方は、もちろん仕事に近い雑談から始めても問

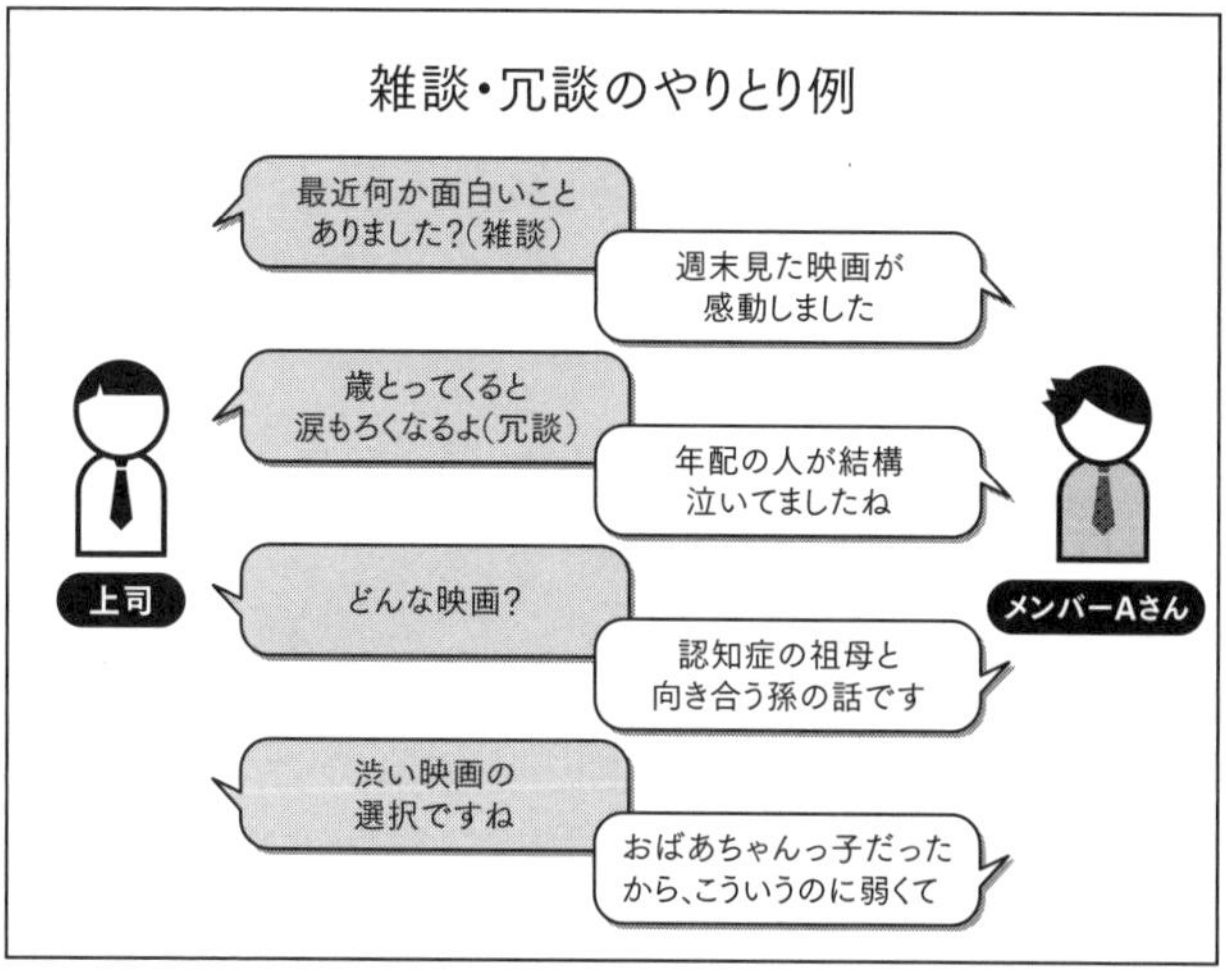
雑談・冗談のやりとり例
最近何か面白いことありました?(雑談)
週末見た映画が感動しました
歳とってくると涙もろくなるよ(冗談)
年配の人が結構泣いてましたね
上司
どんな映画?
メンバーAさん
認知症の祖母と向き合う孫の話です
渋い映画の選択ですね
おばあちゃんっ子だったから、こういうのに弱くて

題ありません。「最近仕事で変わったことあった?」など、オフィスでの雑談からスタートしてみましょう。

これは一つのサンプルですが、ここでお伝えしたいのは、「**雑談**」や「**冗談**」からのスタートが効いているということです。

重要な「相談」にたどり着くために、ぜひ「雑談」「冗談」からはじめてみてください。

これが「三談論法の法則」(雑談・冗談→相談)です。

当然、この1回の面談でAさんのすべてがわかるわけではありません。

このようなコミュニケーションは、継続性が重要です。

少なくとも月に1回、30分でもよいので続けていきましょう。

「コツは聞いて、聞いて、そして聞くこと」とお伝えしましたが、**感覚的には2割話して8割聞くぐらいのイメージです。**

D・カーネギーの『人を動かす』（創元社）や永松茂久さんの『人は聞き方が9割』（すばる舎）など、「聞くこと」の重要性に関しては、さまざまな名著で語られてきたことですが、話してもらうことで、メンバーのバックグラウンドや夢や悩みなど、人となりが見えてきます。

積み重ねていくと、パズルのように、はじめは外枠だけだったものが徐々にぼんやりと浮かんできて、しだいに人柄の全体像が鮮明に見えてくるはずです。

人がわかると、その後仕事がしやすくなり、適したアサインができ、パフォーマンスも上がっていきます。結果、効果的な「丸投げ」につながります。

●●・アサインの本質は相手を知ること

面談で得たメンバーのプロフィールは、忘れないよう記憶しましょう。

記憶力に自信がなければ、メモ機能を使ってファイル化しましょう。それはマネジメントとしての人を活かす資産となります。

もし、69ページの図の面談の半年後に、高齢者向けのプロジェクトがあり「以前におばあちゃん子だったって言っていたので」と依頼すれば、前向きに受けてくれる気がしませんか？

プライベートでも、「○○のチョコが好きって前に言ってたから、仕事で近くに行ったから買ってきたよ」と渡されたらどうでしょうか？

覚えていてくれたことに喜びを感じるのではないでしょうか。

この「好意」を無下《むげ》にはできません。人を動かす有効な手段となります。

騙すような小細工は不要になるでしょう。

POINT

- 「雑談」「冗談」からスタートして重要な「相談」を引き出す
- 面談は短い時間でもいいので継続することが重要
- 人を知ることは、マネジメントとしての資産になる

12

飲みニケーションはありかなしか？

前節で、メンバーの話を聞いて、人となりを把握することが重要とお伝えしました。

それならば「夜飲みに行くのが手っ取り早いよ」と、昭和スタイルの飲みニケーションを推す人もいます。

またその逆で、〝飲みニケーションは時代にそぐわない悪習〟として、全否定する意見もあります。

どちらが正しいのでしょうか？

私の意見は、「**メリットもあるので一概に悪とも言えないけど、飲みに頼り過ぎないようにしよう**」というものです。

私自身の経験を振り返っても、情報収集や人脈拡大など、夜の飲みがポジティブに働いた経験は何度もあります。

また、チームメンバーと飲みに行って、オフィスとは違った表情が見えたり、昼はガードが固かった人が打ち解けて、その後に仕事がしやすくなったこともあります。会社で伝えると正式なクレームになってしまうことを、いわゆる愚痴として吐き出してもらうことでスッキリするなら、大いに結構だと考えます。

このようにメリットも多いので、メンバーとの距離を縮めていく有効な手段と認識していますが、私個人はなるべく夜の席に頼らないようにしています。

〝昼にできることは、オフィスで完結できるのがベスト〟と考えているからです。

私自身はソムリエ協会の資格を取り、趣味でたまにワインバーでマスターをやっているので、お酒自体は好きなのですが、基本的に自分からはメンバーを飲みに誘わないようにしています。それぞれプライベートもあるので、という配慮です。

ただ、メンバーからの誘いがあれば、いつでもウエルカムなので、声をかけられやすいように心がけています。

無理に誘わない配慮と、向こうから誘いやすい気配を意識しています。

●●・飲みニケーションの注意点

メンバーと飲みに行った際の注意点もお伝えします。

①昔話をしない

セクハラやパワハラは論外ですが、酔ってくるとついついしてしまうのが、自分のかつての栄光を語る、というものです。

ハラスメントと違って懲戒の対象にはなりませんが、「俺が若い頃は……」という昔話は聞く側にとっては苦痛でしかありません。

飲んでいるとついつい気持ち良くなって話してしまうので、私自身も過去にしてしまった経験が何度もありますが……。

「自分の話は聞かれたとき以外はしない」くらいのスタンスが、ちょうどいいかもしれません。

②強制しない

無理に誘わない、というだけでなく、長居しない、途中で退出もOKとするなどの配慮が必要です。翌日の業務に影響が出るほど飲んでは本末転倒です。

私は海外で働いていた経験があるのですが、金曜夕方になると仕事が終わった人から徐々に指定のバーに集まって、だいたいは1〜2杯だけ飲んで解散していました。

恋人や配偶者もジョインして軽く飲み、その後にそれぞれ食事に行ったり、映画を見に行ったり、金曜の夜を有意義に使えて、素晴らしい習慣だなあと感じていました。翌日に、「飲み過ぎた〜」と後悔しないくらいがビジネスの飲みとしてはおすすめです。

③昼に言いにくい話をしない

〝伝えづらいフィードバックをお酒の席でする〟というのは、よくありません。ネガティブなことは、酔った勢いで伝えたくなる気持ちは理解できますが、ビジネスに関することは昼にしましょう。「**大切な話こそ昼に**」と心がけましょう。

以上の注意点を頭の片隅に置いて、夜の飲みをご活用ください。

お酒の力をうまく使う

前節で述べた「**雑談**」「**冗談**」はお酒との相性がいいです。昼に会社では聞けなかった悩みや本音の「**相談**」を引き出しましょう。

聞き手にまわり、酔っ払わずに記憶しておくと、のちに依頼するときに役立ちます。

ここまで、夜のコミュニケーションに関していろいろと述べましたが、一番大切なのは〝**仕事のことを忘れて楽しく過ごすこと**〟です。

生産性がなくても、くだらなくても、楽しい会話をして、美味しい料理とお酒を満喫しましょう。

最後に、先ほど〝基本的に夜の飲みは自分からは誘わない〟と書きましたが、例外もあります。それはお祝いです。

メンバーが仕事で大成功を収めたり、昇格したりしたら、盛大にお祝いをします。
ねぎらいやフィードバックの重要性は次の節でご紹介します。

POINT

・昼に完結できることは昼にする
・無理に誘わない、昔話をしない、昼に言いづらい話をしない

13 「丸投げ」の後のフォロー

この章の最後で、依頼をした後のフォローに関してお伝えします。車でいえば、アフターサービスのようなもので、とても大切です。

おこなうのは**「フィードバック」「感謝」「評価」**の3点です。

フィードバック

22ページで、レンガ職人の話を例に出しました。作業の先をイメージして「教会をつくっている」と考えるとモチベーションが湧く、という寓話です。

もし、レンガづくりをお願いした側であれば、その職人さんにできあがった教会を見てもらうことが重要です。

完成した美しい教会とそこに集う人々を見れば、苦労も報われて、これからもがんばってレンガをつくろうと意欲が沸くはずです。

後輩に資料作成をお願いしたら、それがどう会議で役に立ったかを伝えてください。アシスタントに会食用のレストランを予約してもらったら、顧客がどれだけ喜んで接待がうまくいったかを伝えましょう。

ホウレンソウ（報告・連絡・相談）がビジネスの基本と言いますが、それは上司に対しての一方通行ではなく、上司からメンバーに対しても同様です。

プライベートでも同じです。

もし、家族に「お客さんが来るから掃除をしてほしい」と頼んだら、ゲストが心地よく過ごせたことを感謝と共に伝えましょう。

報告はなるべく具体的に伝えましょう。そのことで「やってよかった」「またやろう」「もっとがんばればもっと喜ばれるかも」という気持ちが芽生えます。

これが、次につながるフィードバックです。

●●・フィードバック後は「感謝」と「評価」もセット

感謝

「感謝」は、フィードバックとセットでおこなうものです。

22ページのレンガ職人の話を例にすると、「おかげで立派な教会ができて、地元のみんながたくさん集ってきています、ありがとうございました」と、依頼に対する結果と共に伝えることで、成し遂げた仕事の達成感や満足感を味わえます。

〝感謝をするとストレスが軽減される〟という研究結果があるそうです。

日々の業務でストレス過多のマネジメントのみなさんは、ぜひ感謝を伝えることを習慣にしてみてください。

評価

「評価」というトピックだけで本を一冊書けるほど奥深いものですが、絞って要点だけお伝えします。

「なんかがんばってくれたから」という印象ではなく、冷静に、客観的に、フェアにおこないましょう。基準に沿ってブレない評価をすることで、メンバーの次からのパフォーマンスに良い影響を及ぼします。

フェアな評価は、「丸投げ」に不可欠です。

フォローは依頼が終わった後におこなうので、お願いした側はもうすでに満足して油断してしまっていることが多いです。「家に帰るまでが遠足です」ではないですが、「フィードバック・感謝・評価までが丸投げ」と記憶しておきましょう。

ピーク・エンドの法則を活かす

「フィードバック」「感謝」「評価」は、そのプロジェクト（依頼）の最後の締めくくりとなるものです。

「ピーク・エンドの法則」と呼ばれますが、最後の印象が全体の印象となります。

そこまでどれだけ大変なプロジェクトで苦労があっても、最後が気持ちよく終われば、あなたの依頼に良い印象を持ってもらえます。

「終わりよければすべてよし」となるように、「フィードバック」「感謝」「評価」の3点を忘れず、最後のフォローをしましょう。

「感謝」に関しては、ここではさらりと書きましたが、とても重要なことなので、第7章の「褒め方」の項目でもじっくりとお伝えします。

褒めているだけなら楽ですが、そうもいきません。

ビジネスの場でもプライベートでも、依頼したことが毎回うまくいくとは限りません。レンガ職人の話を例にすると、レンガが欠陥品で、教会が建たない場合もあるでしょう。

「正しい叱り方」も第7章で解説していきます。

POINT

- 依頼がどのように役に立ったか具体的にフィードバックをする
- フィードバック、感謝、評価の3つが次の依頼に影響する
- 評価は感情論ではなく冷静に客観的に

PART 1

ドラッカーが教えてくれない「丸投げ」の極意

第4章

時代に合った任せ方

14 健全な「任せ方」とZ世代のマネジメント

マネージャーの仕事は、多岐にわたります。

部署内の業績を上げるために、ゴールを設定し、メンバーを動機づけし、フィードバックと評価をし、長期的な視点で育成をするなど、数えきれない担務があります。

その中でとくに軽んじてはいけないのが、**メンバーの労務管理と健康管理**です。

本書のサブタイトルに「丸投げ」というワードを入れていますが、オーバーワークをさせてでも無責任に仕事を投げればいい、という意図ではありません。

「メンバーの成長を促し、満足感と達成感を与えて幸せにする」という意図で「任せる」ことを推奨していますが、フィジカルとメンタル両方の健康確認や、キャパシティの配慮など、任せる上での大前提をおこなわないと、それも叶いません。

つぶさない「任せ方」

意図的にメンバーをつぶそうとする人はいないですが、それでも健康問題が起きてしまう理由の一つが、「自分ができていたから大丈夫だろう」という油断です。プレーヤーとして優秀だったマネージャーほど陥ってしまう思考です。

組織には、さまざまな人がいます。キャパシティがある人／ない人、仕事のスピードが早い人／遅い人、同じ仕事でもプレッシャーを感じる人／感じない人など、それぞれです。

また、仕事の特性によって有利となる経験値、年齢、性別、能力というものがあります。

問題なく仕事を遂行できるかの基準は、マネージャー自身でもなければ、平均的なメンバーでもなく、もっともそのタスクが苦手な人に合わせるべきです。

3節の「断る余白」でお伝えしたように、依頼時に稼働状況、余力、意欲の確認が必要です。

「担当プロジェクトが重なっていますが、このスケジュールでできますか？」

「サポートが必要であれば、チーム編成を手伝います」

このように、**なるべく無理をさせない工夫と、負担軽減の配慮を忘れないようにしましょう。**


任せるときに、良かれと思って期待をかけすぎてしまうことがあります。

「ピグマリオンの法則」で謳《うた》われているように、期待されていると良い成果を出すのも事実ですが、過剰な期待はプレッシャーになってしまいます。

プレッシャーが大きすぎると感じたら、「失敗しても大丈夫」「つらくなったらフォローしますよ」といった言葉で和らげましょう。

受けてもらったらそこで終わりではなく、このような**依頼後のケア**も必要です。

健康問題は、わかりやすいSOSサインが出るとも限りません。

「本人が大丈夫と言っている」「元気そうに見える」ということで、油断するのは禁物です。

「明るい性格だから大丈夫だろう」「体育会系で体力あるから問題ないでしょう」といった思い込みもまた危険です。

健康管理においては、気をつけ過ぎることはないので、常に念頭に置いてマネジメントしていきましょう。

Z世代の伸ばし方

多くの経営者やマネージャーが、いわゆるZ世代と呼ばれる若い世代の育成に悩んでいます。今までと同じように育成してるのに思ったように動かない、何を望んでいるのかわからない、といった声をよく聞きます。

まず、世代間ギャップというのは、Z世代に限らず、いつの時代もあるものです。〝古代の壁画に「最近の若いものは」という愚痴が書かれていた〟という話があるぐらい、普遍的な悩みです。

そして、**Z世代が会社や仕事に求めることは昔とは変わっています。**

昇給や出世へのガツガツとした意欲はさほどなく、代わりに成長欲求が強まり、パーパス（存在意義）を重視する傾向があります。

「成長の実感」は本書の一番のテーマです。「任せる」ことでジャンプアップしていくメソッドは、この先も繰り返しお伝えしていきます。

また、第1章の冒頭から「目的の明確化」をトピックとしましたが、仕事の意義や目的を伝えるというのは、「なぜその仕事をするのか」『どのように社会に役立つのか』というパーパス重視の思考に応える依頼方法です。

その他にも、Z世代はこのような要望がより強い世代と言われています。

・**話をしっかり聞いてもらいたい**（第3章「傾聴」「面談」で解説）
・**頻繁な承認を求める**（第7章「褒める技術」で解説）
・**多様性の尊重、上司のやり方を押し付けられたくない**（次節で解説）

本書の「任せ方」は期せずして、Z世代を最大限に活かす手法となっています。

自信を持って正しく「任せる」ことで若手の成長を促してください。

POINT

- メンバーの健康管理を最重要担務と考える
- 期待とプレッシャーのバランスを考える
- 正しい丸投げは、Z世代にも適している

15 VUCA時代、多様性社会の「丸投げ」を考える

〝君は舟なり、庶民は水なり〟

これは、中国の古典にある言葉です。

〝君主は舟で、人民は水のようなものだ〟ということです。水によって舟は浮くことも転覆することもある。その地位に胡座《あぐら》をかいて威張るのではなく、人民を愛して大切に扱うべき、と示唆しています。

これは、ビジネスで上司と部下の関係にも当てはまります。

「マネージャーはメンバーよりも偉いわけではなく、役割が違うだけ」と第1章でお伝えしましたが、自分の下で支えるだけの存在と軽んずると、転覆してしまう可能性もあります。

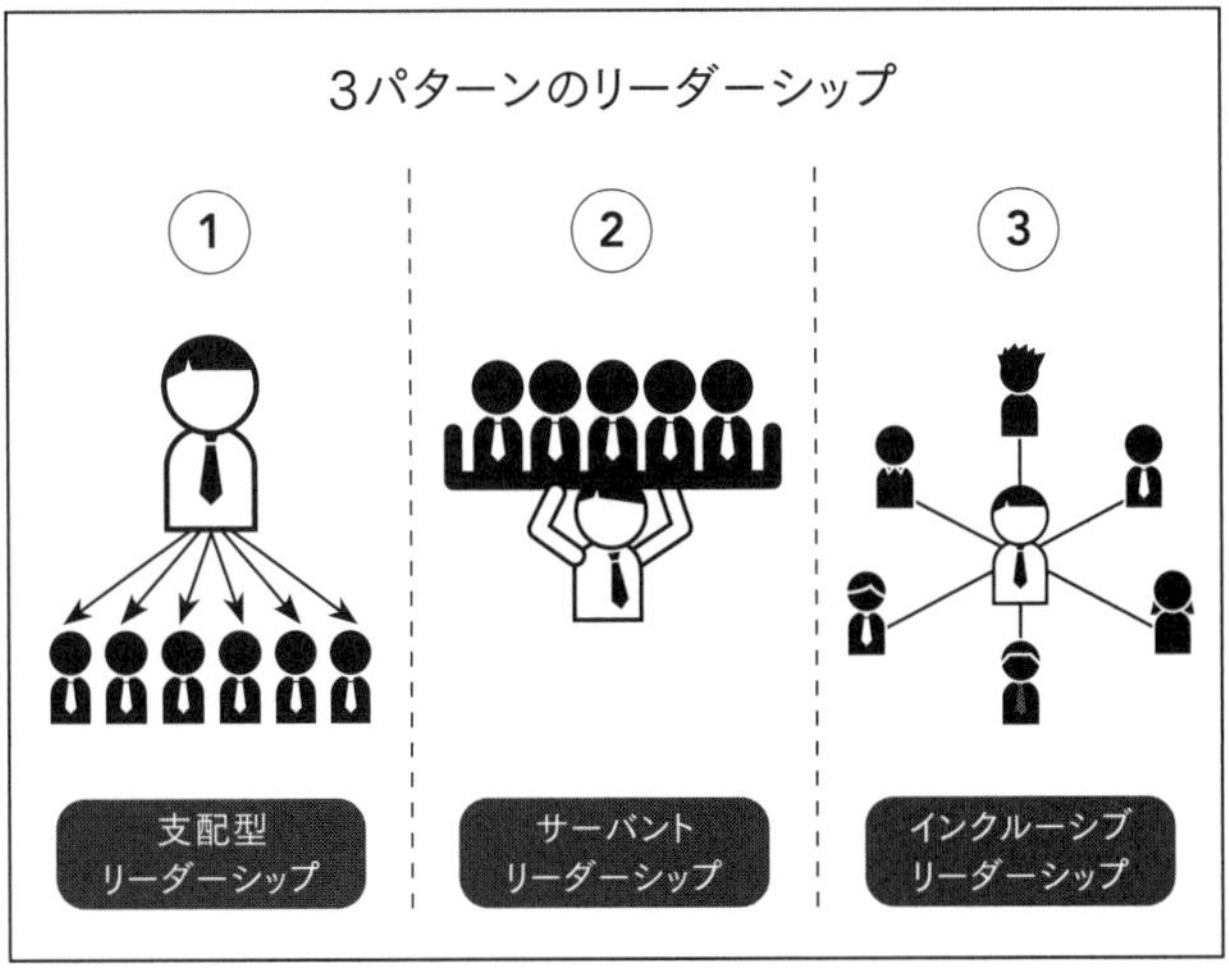

マネージャーである自分をどれだけ持ち上げてくれるか、という自己至上主義ではなく、**主役はメンバーであるというマインドにシフトする必要があります。**

具体的に、どのようなリーダー、どのような「任せ方」が今の時代に求められているのかをこの節でお伝えしていきます。

かつては圧倒的なパワーを持った一人のリーダーが強引に引っ張るスタイルが主流でした。「①支配型リーダーシップ」と呼ばれるものです。

ハラスメントやコンプライアンスという概念が気薄だった頃には、トップダウンの命令型の任せ方が横行していました。

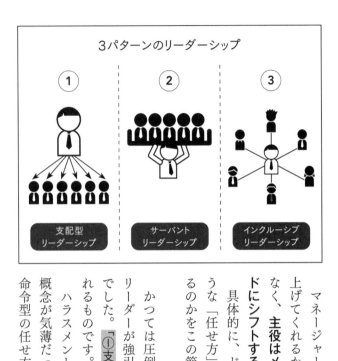

●●・これからの時代は多様性の任せ方で

これからの時代のリーダーとして推奨されているのが、奉仕型といわれる「②サーバントリーダーシップ」です。

メンバーを主役と捉えて、個々の力を強化しながら組織の成果を最大化していくタイプです。

「任せる」のは個の成長が目的で、本書の考え方に近いものです。

多様性のある組織に理想とされているリーダーシップ像は、包括型と呼ばれる「③インクルーシブリーダーシップ」です。

一人ひとりの自主性を重んじて、点ではなく面で組織が拡大成長していくのが特徴で、多くの企業が取り組んでいるダイバーシティ&インクルージョンに適したリーダータイプです。

トップダウンで一元管理をしたり、こまかく指示を出したりするのではなく、多彩

な人材を多様な価値観に則して任せていくのが特徴です。

支配的な①の方法で成長し、成功した組織もかつては多くありましたが、ハラスメントやメンバーのメンタルヘルスなど、多くの問題が顕在化してきました。トップの意向に沿わない人はこぼれ落ちていく、というデメリットもありました。

また、時代性という観点に置いても、変化が比較的緩やかだった頃とは大きく異なってきています。昨今のＶＵＣＡと呼ばれる先の予測が立たない社会では、ビジネス環境が大きく変化し続けています。

強い恐竜よりも変化に対応できた種が生き延びたように、組織全体の柔軟性や多様性が重要となり、91ページの図のタイプ②、③のリーダー像が求められています。

鉄のような硬さよりも、竹のようなしなやかさが大切とも言えるかもしれません。

これからのビジネスは、それが商品開発でも、セールスプロモーションでも、カスタマーサービスでも、幅広い視点・考察・知識が交錯することで、社会ニーズにマッチしたものになっていきます。

これからの時代、答えはＡＩが教えてくれるようになっていくでしょう。答えよりも気がつかない課題を見つけ出すことが、ビジネスにおいて重要になってきます。

それには、**組織内に多様性のある価値観があることが不可欠です。**

特性もバックグラウンドも異なるダイバーシティに富んだ人材が、多様な働き方をすることで組織の同質化を防ぐことが、これからの時代の組織に重要となるでしょう。

POINT

・多様性を尊重したマネジメントスタイルが不可欠になっていく

・支配型ではなく、奉仕型・包括型のリーダーシップを目指す

16

「断る勇気」と「断る技術」洪水は上流で止める

ここまで時代にあった「任せ方」に関して解説してきましたが、**「どんな仕事を依頼するか」と同じぐらい重要なのが、「どんな仕事を依頼しないか」です。**

優秀なリーダーほど、無駄な作業や過労につながる仕事を減らす努力をしています。

あまりにも時間がなかったり、過労を余儀なくされるものは、そもそも仕事を受けない（＝自分のところで止める）という判断も必要になってきます。

私は、勤務している会社のインターンシッププログラムで、海外のプランニング会社で半年間働く機会がありました。ユニークなアイデアと解決力を売りにしているカナダの企業でした。

そこの経営陣と話していて驚いたのは、実際に引き受けるのは、来た仕事の半分にも満たないということです。

仕事の中身、目的、予算、納期などを鑑みてジャッジをしていました。

取引先からの依頼を断るというのは、日本では勇気のいることです。断らないことが取引先との信頼の証となりますし、人間関係などいろいろなことが気になります。

しかし、**ワークライフバランス重視、労働時間削減の時代の流れを反映し、今までのやり方を変えていかないといけません。**

●●・仕事を選ぶメリット

仕事を選ぶことは、結果として労働環境が良くなり、チームのモチベーションもパフォーマンスも上がります。私が半年働いたそのカナダの会社も仕事を取捨選択することで、成長を続けていきました。

リーダーにとって目の前の数字は、それがいくら小さい額だとしても、しっかり取って積み重ねていきたいものです。だから、決断するには勇気がいることです。

別の例として、私の行きつけのイタリアンレストランがランチ営業を突如やめてしまいました。

話を聞くと、労働環境改善が理由でした。昼にお店をオープンするには、朝10時ぐらいからスタッフが集まることになり、夜は遅くまで営業が続きます。ランチの売り上げを考えると、オーナーとしては苦渋の選択だったようですが、思い切って廃止しました。その代わり、18時スタートだった夜の営業を17時からに変更したそうです。

すると予想外のことが起こりました。ディナーの予約が入っている時間の前に、仕事帰りにサクッと食事をするお客さんで、一回転できるようになったのです。昼と異なりお酒も出るので、単価も上がりました。

勤務時間も大幅に短縮でき、スタッフの労働意欲も上がり、売り上げも伸びて良いことずくめだったと嬉しそうにオーナーは話していました。

●●・ときには仕事を減らす決断もする

これはレストランの話ですが、オフィスビジネスの場でも、目の前の売り上げよりも大きなところを優先させることで、思いがけない成長につながることがあります。会社としての判断もそうですが、一つの部署単位でも同じです。

経営者であればその会社の、マネージャーであればその部署の数字に責任を持つのは当然ですが、同時にメンバーの健康状態や労働意欲とのバランスを考えていくべきです。

勇気を持って、ときには仕事を減らす決断が必要です。

労働力は無限ではないので、許容量を超える仕事が発生し続けたら、どこかで溢れて洪水が起きてしまいます。止めるなら、川上で止めるほうが被害は少なくて済みます。

効果的な「正しい丸投げ」を実施して、業績を上げるためにも削る部分は削り、断るものは断りましょう。

POINT

・「どんな仕事を依頼しないか」の判断も重要
・無理のある仕事は自分のところで断る勇気を持つ

17

アウト？　セーフ？「ずるい断り方」

前節で、**ときには仕事を受けないことも重要**とお伝えしました。

理解はしつつも、やはり気が引ける、うまく断れない、という方も多いかと思います。

“和を以《もっ》て貴《とうと》しとなす”

このような日本文化にどっぷりと浸かって働いてきたので、その気持ちはとてもよくわかります。

「任せ方」からは少しずれますが、ここで「**断り方**」に関しても少し触れておきます。

私自身も年間１００近いプロジェクトのアサインをしているので、当然断られることもあります。

「忙しい」「自信がない」「自分に向いてない気がする」など理由はさまざまですが、依頼する側から見て、これはうまい断り方だなあと感じることも、逆に少し乱暴だなというものもあります。

数々の断り方を見る中で、これさえ言えばいい、という魔法の言葉を発見しました。

「またお声がけください」

最後にこの一言さえ付け加えれば、すべてが解決です。

この言葉は、「今回は条件が合わなかっただけ」「仕事は辞退するけど、あなたのことが嫌いではありません」「いい関係を築きたいと思っています」など、いろんなニュアンスが含まれたマジックワードなのです。

●●●相手の時間を奪うくらいなら素直に断る

仕事を断ると「関係が悪くなるのでは」とか、「出世に響くのでは」と考えて躊躇《ためら》う人も多いですが、まったく悪いことではないです。

むしろ、忙しいのに無理して受けて体調を崩したり、モチベーションが湧かないのにイヤイヤ担当してもらったりするほうが、よっぽど困ってしまいます。

社内に限って言えば、熟考した説得力ある辞退の理由も、長文の言い訳メールも不要です。それよりも、すぐに返信をすることが大切です。

断るにしても、すぐ断るとなんだか失礼な気がして少し時間を置いてから断る、という人もいます。すぐに返信しないほうがしっかり検討した感が出るという意見です。

デートの誘いやプロポーズの返事なら、そうかもしれません。

「結婚してくださ……」と言い終わる前に、被せるように「嫌です」と答えたら、相手もショックでしょう。その場で返事せず、相手を傷つけないような理由をしっかり考えて、時間をかけるのは正しい判断です。

しかしビジネスの場では、その配慮はいりません。それよりスピードです。依頼する側からすれば、次の人に当たれるので、早いほうがいいです。

あなたが断れば、別の人に当たるだけです。

ドライなようにも聞こえますが、それがビジネスというものです。

断り方にも技術がある

先ほど、断り方にもうまい断り方があった、と書きました。

一度断られたけど次につながって、いい仕事が生まれたケースを振り返って分析してみると、共通点が見つかりました。

それは、受けられない理由を明快にしてあるものです。

「納期があと2週間あれば対応可能だったのですが……」

「予算がどうしてもはまらないので……」

「正直荷が重く、自信がないのでもう少し経験を積んでから……」

このように、**受けることができない原因となる要素を具体的に伝えましょう。**依頼する側は、次からそこを改善して打診するようになります。

これが**次につながる「断り方」**です。

最後にまとめると、このようになります。

①辞退する具体的理由を入れる
②素早く返事する
③そして最後に、魔法の言葉を入れるのをお忘れなく
「またお声がけください」

POINT

- 「またお声がけください」はすべてを許す魔法の言葉
- 断るときは、気にせずスピーディーに返信する
- 時間や予算など条件が合わないときは、具体的に理由を伝える

PART 1

ドラッカーが教えてくれない「丸投げ」の極意

第5章

それでも「任せられない」人に

18

「任せられる人がいない」の誤解

それでも「どうしても任せられない」という方が一定数、存在します。

あなたもその一人でしょうか？

安心してください。**それはあなたが優秀な証拠です。**

任せることができないリーダーやマネージャーをたくさん見てきましたが、共通点を一つ挙げるならプレーヤーとして活躍してきた人です。

マネージャー本人のほうが能力や経験があれば、任せることを躊躇するのは当然のことです。

しかし、これはマインドを変えることで、「任せる」ことができるようになります。

まずは、任せられない理由から考えていきましょう。それは大きく二つあります。

この節では一つ目をお伝えします。

メンバー（部下）を信じて一度任せてみる

まず一つ目。「任せられる優秀なメンバー（部下）がいない」です。

マネージャークラスに「任せるコツ」を伝えると、「それは周りが優秀だからできるんですよ」と言われることがあります。

確かにそのとおりで、私の周りには能力が高く、仕事ができる後輩やチームメンバーがたくさんいて、とても恵まれていると日々実感しています。

ただ、これはいわゆる「にわとり卵論」です。こう考えることもできます。


〝任せないからいつまで経っても任せられるようにならない〟


「任せる」というのは『はじめてのおつかい』のようなものです。

昔から人気のテレビ番組ですが、子どもが勇気を振り絞り、成長する姿が感動的で、最近では海外でも話題となっています。この番組で、もし親が「おつかいの能力がまだ低いから外には出さない」と判断したら、成長は生まれません。

親が子どもの真横に付き添って、「はい、ここで右曲がって」「はい、この豆腐をレジに持っていって、この100円渡して」と全部指示しては意味がありません。

ビジネスも同じです。

・メンバーの力を信じる

・多少の失敗は成長に必要と考える

・大きな事故だけは起きないように、そっと見守る

メンバー（部下）を今の自分と比較しない

親がいつまで経っても我が子を子ども扱いしてしまうのと一緒で、マネージャーは部員がまだまだ未熟と考えてしまいがちです。

それは、今の自分と比べて判断してしまうからです。

マネージャーに比べれば能力も経験値も低いかもしれませんが、そのメンバーにしかない力があるので、それを信じて一度任せてみましょう。

任せて責任を持たせれば、自分で考えて判断し、自分の力で進むことで必ず成長し

ていきます。

失敗は投資です。長い目で見れば、例え小さな失敗があったとしても、その何倍もの成果をもたらしてくれます。

取り返しのつかない大きな事故（損失）は、いくら育成のためといっても、起きてしまうと、任せた方も任せられた方も不幸になってしまいます。

そんなことが起きないよう最低限のフォローはしつつ、小さな失敗は積極的にさせる、ということが長い目で見ると組織を強くしていきます。

POINT

- 任せないからいつまで経っても任せられるようにならない
- 多少の失敗は投資だと思って経験させる
- 大事故にならないようにだけ、そっと見守る

19

「自分でやったほうが早い」の限界

「どうしても任せられない」もう一つの理由。圧倒的に多いのがこちらです。

"自分でやったほうが早い"

プレーヤーとして優秀であればあるほど、こう思ってしまうのは当然のことです。

確かに、経験の浅いメンバーに依頼すると、その後でフォローすることも多く、手間がかかってしまいます。

また、この「自分でやったほうが早い」には、クオリティの懸念も含まれています。

自分で動いたほうが良い成果が予測できることも多いでしょう。

経験もあり、能力が高いからこそマネージャーをやっているのだから当たり前のことです。間違っていません。

ただ、そこには限界があります。

その一つのプロジェクトだけを見ればそうかもしれませんが、**仕事を任せず抱え込むことは、長いスパンで見ればメンバーの成長の機会を奪い、組織としての総力を高めていないことになります。**

足し算ではなく掛け算で考える

私がマネージャーになったばかりのできごとです。上司の抜擢で大きなプロジェクトを任され、意気揚々とチームを編成しました。

ひと段落ついたところで、突然、後輩がチームから抜けたいと相談に来たのです。

「自分の企画は採用にならなかったし、あまり自分がいる意味がないと思うんです」

ショックでした。私にはリーダーの素質もないし、マネージャーにも向いていないんだなと落ち込んだのを覚えています。

せっかくチームをつくったのに、自らのアイデアを推進することに注力してしまいました。認めづらいですが、自分が主役でメンバーはサポート要因という認識があったのかもしれません。

結果的にその仕事は、平均点の成果とはなったものの、チームの相乗効果で想像以上のアウトプットになったとは、まったく言えないものでした。

このプロジェクトで、**「マネージャーの仕事は、1＋1＝2ではダメなんだ」**と痛感しました。

「1」だった若手が「2」にも「3」にもなり、さらにその掛け算で高いパフォーマンスを生み出すことが、マネージャーの使命でもあり醍醐味でもあります。

●●・今ではなくチームの将来を考える

わかりやすくするために、一つの営業部がどれだけ新規の契約を取れるかで考えていきましょう。

マネージャーは能力が高く10件、10人のメンバーはそれぞれ1件。

これだけ能力に開きがあれば、任せたり育成に時間を費やしたりするより、自分で動きたくなります。数字化すると、

"10＋10×1＝20"

次は、マネージャーが現場に費やす時間を半分に減らして、その分メンバーの育成に力を入れた場合。本人の契約が5になったとしても、仮にメンバー1人につき2件となれば、契約数は増えることになります。数字化すると、こうなります。

"5＋10×2＝25"

はじめは、そううまくいかないかもしれません。

でも、長い目で見ればメンバーの能力は「2」が上限ではありません。「3」「4」と増え、「10」になり、マネージャーを超える可能性すらあるのです。

「自分でやったほうが早い」は今だけの話です。

先を見れば、チームとしての総力は個人の力の比ではありません。

大切なのは、メンバーの可能性を信じること。

精神論のようにも聞こえますが、日々のマネジメント業務をしていて実感します。

●成長していく実感を経験する

人は成長します。

もし成長しないのなら、自分に問題がある、と考えましょう。

あえて厳しい言い方をすると、**「チームに任せられる人がいない」というのは、「私はマネージャーとして無能です」と言っているのと同義語です。**

「自分でやったほうが早い」というのは、育成を無視し組織を弱体化させる罪です。

まずは、マインドチェンジをし、メンバーのポテンシャルを信じて、はじめての

「丸投げ」を実施してみてください。
その際、小さな失敗は目をつぶりましょう。
試してみて、どうしてもうまくいかなければ戻せばいいのです。
成長を実感すると、さらに任せやすくなります。
好循環が生まれたとき、あなた自身も一歩成長したことを実感できるはずです。

POINT

- 「自分でやる」だけでは限界がある
- 「人は成長する」そのことを信じて任せてみる

もっとも危険な「中途半端な丸投げ」

任せることに抵抗があった方も、この章の二つの節で、「任せてみよう」と思っていただけたのではないでしょうか。

思い切って「丸投げ」を実行し始めた人が、次に陥るのが「**中途半端な丸投げ**」です。

「**任せ切れない**」

これも、とても多い悩みです。

本書のサブタイトルに、なぜ「丸投げ」というネガティブなイメージのある言葉を入れたかというと、任せるなら任せ切ってほしいからです。

「お前に任せるよ」と言ったのに、「あれどうなってる？」「そのやり方よりこうやったほうが早いだろ」とついつい口を挟んでしまう。よくある光景です。

気持ちはよくわかります。

自分とは違う進め方は気になるし、優先順位が違っていたり、遠回りをしているのを見ると、リーダーとしての義務感から「正してあげないと」と思いがちです。

私自身もかつてそうでした。

「任せた」と言いつつ、指導の名のもとにこまかくチェックしていました。

この「中途半端な丸投げ」はやる気を削ぐ、一番やってはいけないことです。

子どもに「絵を描いてごらん」とクレヨンを渡した後に、「違うでしょ、線はもっとまっすぐ引いて」「明るい色をもっと使って」と指示をして、親がクレヨンを握り始めるのと同じ行為です。

主体性が奪われ、成長は止まり、指示待ち人間のできあがりです。

このことに、当時の私は気づいていなかっただけでなく、「リーダーとして有意義なことをした」と、むしろ誇らし気にすら感じていました。

失敗させるマネジメントを目指す

人間は自分の存在意義を求め続ける生き物なので、どうしてもその場でできるアドバイスをすべてしたくなるものです。

しかしそれは、相手からしてみると「全然任せてないじゃん……」と映り、モチベーションを奪う行為となります。

任せた後に口出しをした際の、後輩の「虚無の眼差し」を今でも忘れられません。自分がしていた愚行を反省するばかりです。

ここで、私が尊敬する一人の経営者の言葉をご紹介します。

リクルートホールディングスの社長兼CEOでもあり、indeedのCEOの出木場久征さんが『カンブリア宮殿』800回スペシャルの中で語られていた言葉です。

「僕がよく言っていることの一つは、〝マネジメントの仕事は何か〟といえば、〝こんなこと

をやったら失敗する〟とか〝失敗させないマネジメントはマネジメントではない〟という話をしている。失敗させるマネジメントが一番だ」

テレビ越しの言葉で、こんなにも共感したことはありません。

アメリカに渡り、M&Aを成功させ、若くしてグローバル企業のトップとなり、業績を伸ばし続けている経営者が発すると説得力が違います。

「任せる」のも難しいことですが、失敗を許容して「任せ切る」のは、さらに勇気のいることです。

多少自分の考えと違っても、目をつぶりましょう。

積極的に失敗をさせましょう。

自分で考え、自分で進むことで成長を促しましょう。

もちろん、取り返しのつかない大事故（損失）にならないよう気をつける必要はありますが、それ以外は大らかに見守りましょう。

そもそも、成功と失敗を分けるような決定的な瞬間というのは、ビジネスの場でほんの一部です。

ここぞというときのジャッジさえ間違えなければ、大勢に影響がないことがほとんどです。

仕事の9割は準備運動のようなものです。

準備運動自体は大切ですが、そこが完璧である必要はありません。

●●• 任せた人のやり方に口を出さない

こまかいことまで管理するマイクロマネジメントは、今すぐ止めましょう。

企画書の書き方、他部署とのやりとり、取引先との連絡など、進め方が自分と違っていても、その都度修正するのではなく、任せた人のやり方で進行させてみましょう。

自らの判断で進んでこそ、人は学び成長するのです。その成長によりチームが強くなるのです。

このことを肝に銘じましょう。

〝任せるなら、最後まで任せる〟

POINT

・失敗を経験させるのがマネジメントの役目、と考える

・任せるなら、最後まで任せ切る

21 目鱗体験　はじめての丸投げ

ここまで「任せ方のコツ」を偉そうに述べてきましたが、もちろん私自身もはじめからここで書かれていたことを意識して、「正しい丸投げ」を実施できたわけではありません。

「はじめに」で述べたように、たくさんの失敗を経験してきました。

私にとってのはじめての丸投げは、今考えるとダメな任せ方の典型でした。

プレーヤーとして忙しくしていた時期に、さらに指名で仕事が入り、どうしても対応するキャパシティがなく、何も考えず後輩に丸投げしました。

相手の意欲も、忙しさも確認せず、半ば命令のように任せてしまいました。

たまたまその後輩が優秀だったこともあり、結果としては問題なく進みました。

そのプロジェクトが落ち着いた頃、後輩にお礼を伝えようとしたら、それを遮るように後輩の口から感謝の言葉が溢れてきました。

「僕の年次で任せてもらえることないので」
「今までできなかった経験になって」
「これきっかけで他の先輩からも声がかかって」

丸投げしたことに罪悪感を抱いていた私は、興奮気味に感謝する後輩を唖然として聞いていました。目鱗体験でした。

「感謝される丸投げ」というものが存在する、ということをはじめて知りました。

それまで「丸投げ」にネガティブなイメージしか持っていませんでしたが、マインドチェンジした瞬間でした。

このときは、たまたまうまくいったからよかったですが、今考えると、ただの「無茶振り」でした。大失敗していたかもしれないし、それよりも過労などの健康被害があったかもしれない危険な丸投げでした。

●●●はじめて丸投げする際はスモールスタートから

当時の私もそのことに気づき反省し、その後は依頼する前にしっかりと考えるようになりました（その後も、いろいろな失敗を重ねていくのですが……）。

試行錯誤の結果、この本で書かれていることが習得できたと考えると、その失敗も無駄ではなかったのかもしれません。

ただ、読者のみなさまには失敗をしてほしくありません。

とくに、はじめての丸投げで失敗してしまうと、ますます任せられない人になってしまいます。

何も考えずに任せてもうまくいくことはあるかもしれませんが、成功の確度を上げるためにも、本書で書かれていることをぜひ実践してみてください。

はじめての丸投げでは、とくに次のことに留意してみてください。

はじめての丸投げのポイント

- よく知っている身近なメンバーにお願いする
- 新人ではなく、ある程度経験のある信頼おけるメンバーにお願いする
- 規模の小さなプロジェクトから始める

もし、隣の部署のあまり話したこともない新入社員に、社運をかけたビッグプロジェクトを任せてみたら……。失敗の香りしかしません。

もし、料理をしたことないパートナーに、フランス料理のフルコースをお願いしてみたら……。そちらも惨事が予想されます。

料理なら、まずはお味噌汁だけつくってもらうとか、野菜のカットだけお願いするように、ビジネスでもまずはスモールスタートの依頼から始めてみましょう。

POINT

- 任せることで「感謝される」ことがある
- 「はじめての丸投げ」は身近な人で小さなプロジェクトからスタートする

22 丸投げのメリット／デメリット

「任せること」のメリットだけにフォーカスするのはフェアではないので、プロコン、つまり、「丸投げ」の功罪をそれぞれ並べていきます。まずはメリットです。

丸投げのメリット

・成長を促すことができる
・主体性が高まり自分で考えて動くようになる
・モチベーションが上がる
・個の成長の積み重ねで組織全体を強化することができる
・丸投げした側に時間ができて、マネジメント業務に集中できるメリットはここまで述べてきたことと重複しますが、はじめの3つのように**任せられた側に利点があることがポイントです。**

決して「自分だけ手抜きしよう」という意図でおこなわれるものではありません。

また、**主体性はリモートワークにおいてもとても重要です。**

今までのように、チームメンバーがすぐ横にいて管理できる、というオフィス環境ではなくなってきました。

離れていても、目の届かないところでも、自主的に前向きに仕事に取り組んでもらうために、主体性の確立は不可欠な課題となってきています。

最後の「時間ができる」に関しては、その時間をマネジメント業務に費やしてもいいですし、組織のためにより大きなチャレンジをすることもできます。

営業ならば、現場に出て新規扱いを取りに行くのではなく、組織全体の成功例をまとめて戦略的マニュアルをつくるなど、**現場レベルの貢献より、1レイヤー上の俯瞰した視座から組織を強くする方法を考えるいい機会です。**

チームメンバーに任せてできた時間なので、罪悪感を抱くかもしれませんが、自己《じこ》研鑽《けんさん》に費やしたり、家族と過ごしたり、ときにはゆっくり休むということも、決して悪いことではありません。

任せる側の成長に関しては、第9章であらためて述べていきます。

●●・丸投げのデメリット

では、続いてネガティブ要素を見ていきましょう。

丸投げのデメリット

- 結果が読みにくい
- 失敗する可能性が高くなる
- 時間がかかる
- クオリティーが下がる
- 「丸投げ」した側は無責任と思われる

・過労などメンバーの健康被害が起きる

功罪の「罪」もたくさんあるように思えます。それぞれ分析していきましょう。

まず、4つ目までは短期的見解です。

そのときの一つの案件に限って言えば、その可能性もあるかもしれませんが、一度任せることにより成長して、この心配もすぐになくなります。

「丸投げ」に心配はつきものですが、いざやってみると失敗もクオリティーの低下も稀であることを実感できると思います。それは、メリットで述べた主体性とモチベーションが増したことの結果です。

5つ目の問題は、本人がどう思うかですが、依頼相手が満足感を得て、成長して組織のためにもなる、そう信じていれば気になりません。

最後の健康被害に関しては軽視できない問題ですが、これは「間違った丸投げ」の結果でしかありません。

確かに乱暴な丸投げや無茶振りは危険ですが、労務状況や健康状態をしっかり確認するなどの配慮があれば防げるものです。

ここまでの5つの章で理解していただいているかと思いますが、**「正しい丸投げ」「間違った丸投げ」には大きな開きがあります。**

その違いを次の節でまとめていきます。

POINT

- 「丸投げ」にはメリットデメリットがある
- 長期的に見るとメリットがデメリットをカバーする

23 「正しい丸投げ」「間違った丸投げ」まとめ

前の節で、「間違った丸投げ」は危険ということを述べました。
パート1の最後に、改めて「正しい丸投げ」と「間違った丸投げ」の違いをまとめて解説していきたいと思います。

まずは、「正しい丸投げ」。
それは、**相手に達成感を与え、人を育てる「丸投げ」です。**
続いてその逆、「間違った丸投げ」。
それは、**配慮のない自分本位な、人をつぶす「丸投げ」です。**
具体的には、次のようなことが挙げられます。

正しい丸投げ／間違った丸投げ

正しい丸投げ

- 相手の身になって考える
- その依頼がどのような役に立つか、目的を伝えている
- 相手の余力の配慮がある
- 断ることができる余白がある
- 相手にとって適度なチャレンジがある
- プレッシャーと期待が過剰でない
- 感謝の気持ちがある

間違った丸投げ

- 自分が楽になることだけを考える
- 目的や意義を伝えず、ただ作業をさせる
- 相手のやる気や忙しさなどの状況を確認しない
- 命令として押しつける
- 誰に任せるかを吟味せず、やってくれれば誰でもいいと考える
- 相手の動機づけをしない
- 感謝や評価などのフォローがない

お気づきのように、この二つは表裏の関係になっています。

要は、「間違った丸投げ」の逆をしていけばいいということです。

ただ、すべての項目をチェックして完璧におこなわないといけない、というものでもありません。

組織・ポジション・メンバーの状態によって、優先度や重要度も変わりますので、ご自身が納得したものからトライしてみてください。

丸投げするのは社内のみ

誤解のないように明記しておきたいのは、本書で推奨している「丸投げ」は、ビジネスの場合において、社内の話です。

社外は別物です。

アウトソーシング自体は否定しませんが、社内でやらずに全部社外に丸投げしましょう、という意図ではありません。

任せることを推奨しているのが、育成の意味合いが大きいからです。

もちろんお願いの仕方など、社内外問わず役に立つ項目も多いと思いますが、依頼するとき（とくに下請け会社）には、強制にならないよう注意が必要です。

ここまで「丸投げ」に関して、23節に渡って述べてきました。

「丸投げ」は「丸受け」できる人材を育てていくこととセットなので、切り離しては語れないものです。

「正しい丸投げ」は「正しい育成」と組み合せることで、最大限の効果を発揮します。

育成はとても奥深く難しく、その分おもしろい世界です。

その「育成」に関して、パート2で一緒に深掘りしていきましょう。

POINT

・「正しい丸投げ」は「間違った丸投げ」の逆をすればよい

・すべて網羅しなくても、今の状況に適したものから実施すればよい

PART 2

任せて伸ばす「丸受け」できる人材の育て方

第6章

育成の真髄

24 財を遺すのは下、仕事を遺すのは中、人を遺すのは上

〝財を遺すのは下、仕事を遺すのは中、人を遺すのは上〞

これは明治の政治家、後藤新平氏の言葉ですが、プロ野球界で数々の名選手を育て上げた野村克也さんの座右の銘として広まりました。

これくらい人を育てるというのは尊いおこないであり、そして難しいことでもあります。

パート1では「任せる」ことに関してお伝えしましたが、パート2では「丸受け」できる人材を育てる「育成」に関して解説していきます。

●●• 「ティーチング」と「コーチング」を使い分ける

企業においての育成というと、まず研修が思い浮かぶと思います。決して研修自体を否定するわけではありませんが、〝成長効果〟という意味では、現場でのＯＪＴに勝るものはありません。

自転車の乗り方を黒板に書かれた説明を聞いて学ぶより、実際に乗って覚えたほうが早いのと一緒です。

ここまで「任せたら任せ切ろう、口出しはしないように」とお伝えしてきましたが、決して教えるなということではありません。

現場で育成をしっかりとおこなって、任せ切れるぐらいに準備させることが重要です。

とくに新人など、まだビジネスのノウハウもスキルも習得していない状態では、「任せる」よりも前に教えなくてはいけません。

答えを教える、いわゆる「ティーチング」が有効です。

近年、ビジネス書でも、答えを引き出す「コーチング」が奨励されていますが、決してコーチングのほうが優れていて、ティーチングが古いものということではありません。

「ティーチング」と「コーチング」の二つを使い分けることが重要です。

例えば、緊急対応が必要なときなどに、「君はどう思う?」などと悠長なこと言っていられないケースもあります。


ティーチング……答えを教える。相手の経験が浅い場合、緊急時、複数人に同時に育成するときに使用

コーチング……答えを引き出す。主体性を持たせモチベーションを上げたいとき、1対1で育成するときに使用

次ページの図のように、はじめは「ティーチング」からスタートし、経験を積んでいくと、「コーチング」の比重が大きくなっていくのが理想です。

ティーチングとコーチング

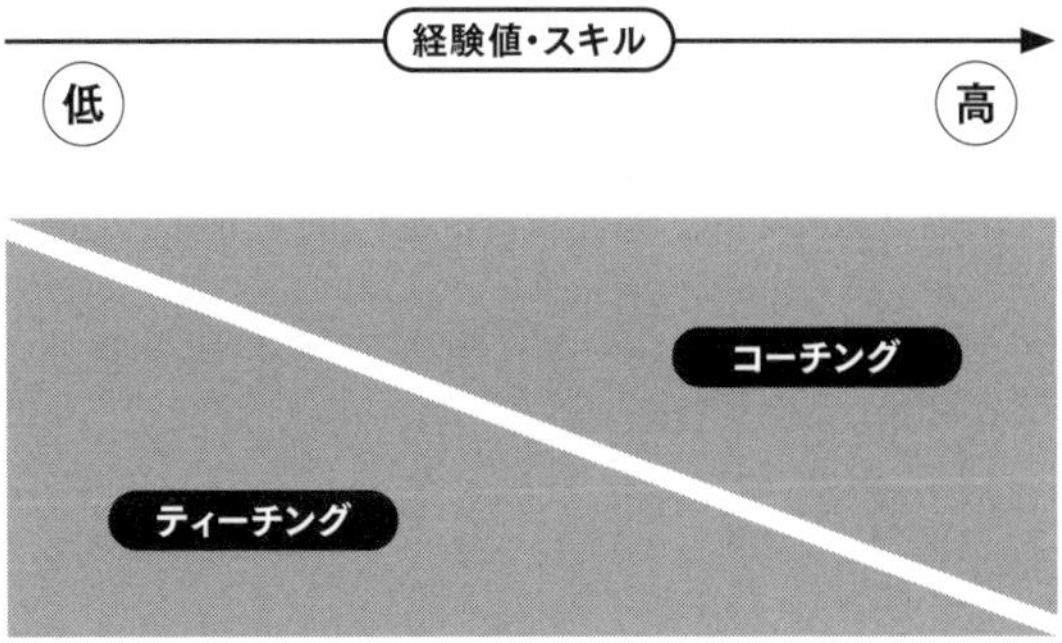

ティーチング

答えを教える。相手の経験が浅い場合、緊急時、複数人に同時に育成するときに使用

目的 → **相手がスキルを習得すること**

コーチング

答えを引き出す。主体性を持たせモチベーションを上げたいとき、1対1で育成するときに使用

目的 → **相手が自ら動けるようにすること**

●●・相手のレベルによって育成方法を変える

〝よく芸は盗むものだと云うがあれは嘘だ。盗む方もキャリアが必要なんだ〟

〝教える方に論理がないからそういういいかげんなことを云うんだ〟（＊2）

これは、昭和の大名人と呼ばれた噺家の立川談志さんの言葉ですが、俺の背中をみて学べというのは時代錯誤です。

「ティーチング」の目的は、相手がスキルを習得することです。しっかり言語化して、理解できているか、身についているかを確認しながら進めていくところがポイントです。

レベルに合わせて話すということです。

マネージャーが「教えたのにできてない」と怒るのは間違っていて、「できるように教えられなかった」と反省すべきことです。

「コーチング」は自主性もモチベーションも上がるので、ある程度経験を積んできたメンバーにはとても有効な手段です。

答えを知っていても伝えずに相手から答えを引き出します。感覚としてはジェスチャーゲームに近いです。

傾聴と質問を繰り返して答えを引き出して、その答えを決して否定しないことが重要になります。

出てきた答えが違っていると思っても、指摘するのではなく間違いも相手に気づかせましょう。

例えばメンバーが出してきた案が「他部署から同意が得られない」と気がついたとしても、ダメ出しをするのではなく、「商品開発部は何て言うと思う？」と聞いて相手に考えさせましょう。

この別の立場になって考える〝ポジションチェンジ〟は、多角的視点を与えることで、答えに近づく有効な手段です。

このように育成は、「**ティーチング**」と「**コーチング**」に分類されることが多いですが、現場で指導していて一番多用しているのは、その間にある「**ディレクション**」

です。

答えを教えるだけでは、モチベーションを奪ってしまう。かといって、ゼロから引き出すには遠回りすぎる。そのような場合、方向性だけ提示するディレクションが効果的です。

「社内の関係部署が協力したくなるような企画書を書こう」

「年配の方がターゲットだから、○○さんの祖父母が喜ぶような商品を企画しよう」

このように大きな指針だけ握って、具体案の答えはメンバーに委任してみましょう。

POINT
・「正しい丸投げ」は「正しい育成」と組み合せることで最大の効果を発揮する
・「コーチング」と「ティーチング」をうまく使い分ける
・大きな方針だけ伝える「ディレクション」を活用する

＊2引用：『赤めだか』立川談春著（扶桑社）

25

リミッターを外す「アシステッドスプリント法」

私は以前、マグロの養殖場を見学に行く機会がありました。美しい海の穏やかな湾の中に巨大な網があり、大量のマグロが円を描いて泳いでいました。

台風の影響でネットが破れてしまっていると解説があったので、「逃げてしまわないですか？」と尋ねました。すると担当の方が「小さいときからネットの中で回っているので、外に出られるという発想がないから逃げないです」と説明してくださいました。

興味深い話でした。

網の中の環境に慣れてしまったがゆえに、自分のポテンシャルを勝手に決めてしまっている。

ビジネスでも同じような思い込みを、何度も目撃してきました。

「私はまだまだサポート側で、チームリーダーはできません」
「人見知りなので、取引先との交渉は営業部に任せたいです」
「教えられるようなことはないので、育成係は無理です」

このように、自信のないメンバーをどう鼓舞して、挑戦させて、成長を促すとよいでしょうか。

能力を上げるというより、マインドを変える必要があります。

●●・「できるわけない」という思い込みを解く

日本人選手が100m走で10秒を切れない「10秒の壁」というものが長年ありました。1998年に10秒00が出て、そこから19年も経って、ようやく日本人初の9秒台が出ました。すると、次々と何人も9秒台が続きました。

これは、日本人には無理とされていた9秒台が可能なんだ、というマインドチェンジがあったからだと言われています。

言い換えると、できないと信じ込んでいた「暗示が解けた」ということです。

陸上を例えに出したので、この流れでアスリートがどう暗示を解いて、自分のポテンシャルを上げていくかをお伝えします。

それは「アシステッドスプリント法」と呼ばれるものです。

走る人をバイクや自転車などで物理的に引っ張り、**能力以上で走ることにより、限界値を超える感覚を脳と体に植えつける手法です。**

自力ではないですが、速度に慣れることにより、ここまでが限界値だと認識していたリミッターが外れます。

できるのにできないと思っている。そういう自信を持てないメンバーには、「リミッターを外す」という処置が必要になります。

この「アシステッドスプリント法」をビジネスに当てはめると、先輩という高速の乗り物に引っ張ってもらうということになります。

はじめは走者をバイクで引っ張るように先輩がサポートして、**本人の能力以上の結果を出して、成功を目撃させることが必要です。**

この成功体験を間近で見るという行為が、自分もできるかもとマインドチェンジを促し、リミッターを外す第一歩となります。

前述した、マグロが網の外に広がる海に出ることができると気がついた状態です。

この「①成功体験を見る」ことができたら、次のステップに進むために重要になるのが、早めにサポートをやめるということです。

子どもに自転車の乗り方を教える際に、「まだ離さないでね」と言っている間に手を離して、気づかず乗り続けるということがあると思いますが、それが理想です。

速やかに、スムースに、サポートの手を離して任せましょう。

マネージャーや先輩が自身の能力値と比べて、まだだと判断してしまうケースが多いですが、それでは成長も遅くなってしまいます。

本人の力で「②**成功体験をつくる**」ことが、さらなる自信につながります。

②に慣れて、ビジネススキルがある程度身についた状態になったら、最後のステッ

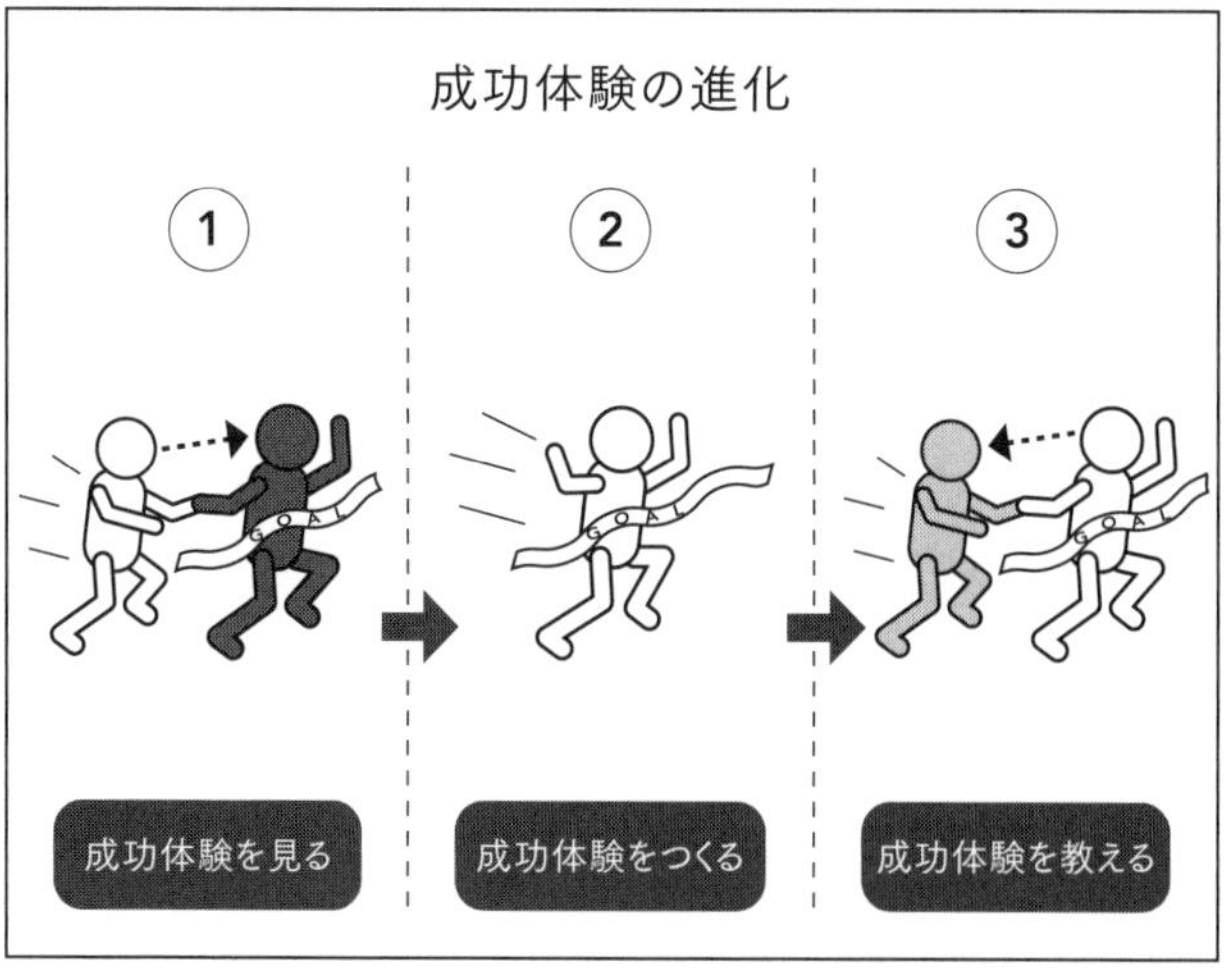

プに進みましょう。

それは「**③成功体験を教える**」です。

メンバーが後輩に教えることで、スキルを完全に習得できた状態になります。教えるには経験を体系化したり、言語化してより深く理解することになるからです。

また、教えることで次の後輩のリミッターを外すことにもなります。

この育成ループで組織が成長し、強くなるでしょう。

●●●リミッターを外すには体験させる順番が大事

「①成功体験を見る」→「②成功体験をつくる」→「③成功体験を教える」

この育成の流れで、自信が持てず狭い世界に閉じこもるメンバーに広い海を見せてあげましょう。

網の中のマグロも一匹が大海に飛び出せば、他のマグロもついて行きます。

ぜひ、ファーストペンギンならぬ、ファーストマグロをみなさんの部署で育て、組織全体が成長するきっかけをつくってみてください。

ここまで自ら限界値を設定してしまっているメンバーの対処法をお伝えしましたが、マネージャーが部下の能力にキャップをしてしまうことも散見されます。

「〇〇さんは粘り強さがないから、複雑な案件は向かないな」
「〇〇くんは責任感に欠けるから、大きな仕事は任せられないな」

このように、バイアス（先入観・偏見）でメンバーの成長機会を制限していないでしょうか。

私自身も、一緒に仕事していた後輩が他の部署に移って大活躍する姿を見て、後輩の能力値を低く決めつけてしまっていたと反省したことがあります。

成長を妨げてしまうネガティブなレッテルは、今すぐ破り捨てましょう。

POINT

- できないと思い込んでいるメンバーにはマインドチェンジが必要
- 成功体験がリミッターを外す
- 「成功体験を見る」→「成功体験をつくる」→「成功体験を教える」の流れで成長を促す

26

失敗は買ってでもさせろ

ビジネスで成功している人はどんな人かと聞かれたら、「チャンスで全速力で駆け抜けた人」と私は答えます。

マネジメントをしていると、これができる人とできない人の差が如実に見えます。

これをやり遂げるには、二つの能力が必要になります。

それは「チャンスが見極められるか」と「チャンスで全力が出せるか」です。

前者は本人がわからなくても、良いマネージャーと巡り会えれば教えてもらえます。

ここは「がんばりどころだぞ!」と助言することで、良い結果になることも多いです。

後者は多少のサポートはできますが、残念ながら本人次第です。

もったいない話ですが、チャンスだとはわかっていても、なかなか全力で走れない人がいます。
この「ここぞという機会で全力が出せる人、出せない人」の差は、**「全力で走って、全力で転んだ経験があるかないか」です。**
つまり「失敗を経験しているか」「限界の能力で挑んだことがあるか」の差です。

失敗しても問題ない環境づくりをする

第5章でご紹介した、リクルートホールディングスの出木場久征さんの言葉を思い出してください。

「僕がよく言っていることの一つは〝マネジメントの仕事は何か〟といえば、〝こんなことをやったら失敗する〟とか〝失敗させないマネジメントはマネジメントではない〟という話をしている。失敗させるマネジメントが一番だ」

先回りして失敗をさせないことは、「転んだこともないけど、全速力で走ったこともない」という人を生み出すことです。

手堅くても、チャンスでホームランが打てなくなってしまいます。

「失敗しても大丈夫と思える環境を用意する」ということが、マネジメントの最大の責務となります。


私個人の例としてお伝えすると、冬はスノーボードをするのですが、運動神経もよくないので上達もゆっくりでした。しかし、急成長したタイミングがありました。

それは、友人の実家を訪ねたついでに立ち寄った、長野県の山奥の誰もいないスキー場でのことでした。

混んでないため、人にぶつかる心配もないし、パウダースノーでふかふかの雪質のため転んでも痛くないので、スピードを出して派手に転ぶことを繰り返しました。

スピードに慣れてくると、その後に他のスキー場に行っても上達した滑りができるようになっていました。


このスキー場のような、**失敗しても大丈夫という安心感を持たせて、全力を出し切**

れる環境をビジネスでも用意しましょう。

ふかふかの雪がクッションの役割機能を果たすように、失敗を受け止める役をマネージャーは果たせるようにしましょう。

体操のコーチがジャンプした選手を見守り、失敗しそうになると受け止める行動に近いかもしれません。コーチがいるから安心して選手は飛べるのです。

この安心感の重要性は、Google社がおこなった「**心理的安全性**」の**実験**でも証明されています。

叱られないか、責任を取らされないか、という不安や心配がないチームは生産性も上がるというものです。

●●● 失敗の経験をたくさんさせる

逆に、失敗の経験がトラウマになってしまっては逆効果です。「失敗したことを責める」「できないことを無茶振りする」などにならないよう注意が必要です。

第5章でお伝えしたとおり、取り返しのつかない大事故（損失）になる案件で失敗をさせてはいけません。

ふさわしい環境、条件、タイミングを見計らって任せましょう。

〝「失敗」と書いて「せいちょう」と読む〟

これは、野村克也さんの言葉です。

失敗経験があるからこそ、失敗を恐れず、思いっきり全力を出し切ることができるようになります。

ここはがんばってほしい、絶対に結果を出してほしい、という大切な場面で、期待を超えるパフォーマンスをしっかりと発揮してくれる人材に育てていきましょう。もちろん失敗を失敗で終わらせないために、そこから学ぶことも必要です。

POINT

- チャンスで全力を出せる人材に育てるために、全力で失敗を経験させる
- そのための失敗できる環境づくりが大切

27

若手が跳ねる瞬間「新4P理論」

マネジメントをしていて一番喜びを覚えるのは、若手が急成長を遂げたときです。とくに、今までくすぶっていたメンバーが、一つの仕事をきっかけに自信を得て、2段も3段も上のフェイズにジャンプする瞬間を見届けると、感動を覚えます。

お笑い番組で、そこまで人気のなかった芸人さんが急に爆笑を取ることを「跳ねる」と言ったりしますが、ビジネスの世界でも、この「跳ねる」瞬間を何度も目撃してきました。

成長を遂げた人を分析してみると、一つの方程式というか条件があることに気がつきました。

私はそれを、「新4P理論」と名づけました（なぜ「新」なのかというと、マーケティング用語で商品を売るために必要な要素として、Product・Price・Place・Promotionという4P理論があるからです）。

育成の新4Pは、Person・Place・Prepare・Pressureです。

ビジネスの場での成長は、正しい人が（Person）、正しい場所で（Place）、十分に準備された状態で（Prepare）、適度なプレッシャーのもとで（Pressure）起こります。

Person

第2章で述べたように「誰に頼むか」が間違っていると、おおもとで不幸を呼ぶ結果になるので、まずは適した人材に声をかけることです。

Place

次に「どんな舞台」を用意するか。まだ経験浅く自信がないなら、こぢんまりとしたタスクにするなど、適材適所の活躍の場を提供することです。

Prepare

３つ目は育成の要素も絡みますが、メンタル部分も含め準備ができているか気をつけること。スポーツでウォームアップもしていない選手を急にフィールドに出しても動けないのと一緒で、準備不足は「丸投げ」の失敗のもとになります。

〝チャンスは準備されたところにやってくる〟

これは細菌学者のルイ・パスツールの言葉ですが、急成長を促すためにも育成をしっかりとして、準備ができた状態にしてから任せましょう。

Pressure

最後が今の時代に一番大切なことです。プレッシャーは小さすぎても大きすぎてもいけません。適度な期待と挑戦が必要です。

●●・「適度」を見極める

「ヤーキーズ・ドットソンの法則」をご存知でしょうか。

低過ぎず高過ぎない適度な緊張感（ストレス）が、最高のパフォーマンスを生み出すという、いくつかの実験結果から心理学者が導き出した説です。

「このプロジェクトが成功しなければお前はクビだ！」という圧力のかけ方が間違っているのは明らかだと思いますが、それはハラスメントの観点だけではありません。

過度のプレッシャー下では、高いパフォーマンスが引き出せないからです。

その逆もしかりです。スタッフィングやチーミングでよく見かけるのが、〝オーバークオリファイドアサイン〟（過剰能力人選）です。

7のレベルの仕事をするのに、戦力10の人に依頼すれば、お願いする側としては安心です。ただ、その人にとってはチャレンジングな要素はなく、そこに成長は見込めません。

少し背伸びして手を伸ばせば届きそう、という挑戦をしてもらうことが重要です。

サッカーでも、強いチームに勝たないと国際ランキングは上がりません。必ず勝てるからといって、超弱小チームとばかり対戦していては成長は見込めません。

適度なプレッシャー、適度な期待、適度な挑戦。この「適度な」という絶妙な頃合いが難しいのは確かです。

パスタで言えば、柔らかすぎず硬すぎないアルデンテ。

耳かきで言えば、手前すぎでもなく、奥すぎて痛くなる前のギリギリのライン。

適度な頃合いを得るコツは、基準を知っていることです。

「この太さのパスタは茹で時間が7分」と知っていれば、少しだけ硬めにするには6分半にしよう、とわかるように、このチームメンバーの能力はどのくらいなのか、プレッシャーの許容度はどのくらいなのかを事前に把握しておく必要があります。

メンバーを深く知ることで、どれくらいがちょうどいい頃合いのプレッシャーなのかが見えてくるはずです。

●●・微調整をその都度繰り返して適度にしていく

といっても、すべてのチームメンバーの基準を完璧に把握して毎回ドンピシャなアサインができるわけではありませんので、依頼した後で調整していくことも大切です。

プレッシャーが大きすぎると感じたら、「失敗しても大丈夫」「つらくなったらフォローしますよ」といった言葉で和らげましょう。

逆に余裕があり、緊張感がなさすぎると感じたら、そのタスクの重要性を改めて伝えるなどして、プレッシャーとモチベーションを足してきましょう。

みなさんがいざ任せるとき、そのことで飛躍的な成長をしてほしいと願うとき、この〝4つのP〟が当てはまるかを、ぜひチェックしてみてください。

新4P理論

Person：正しい人選になっているか

Place：その人が得意な分野の適した場が提供できているか

Prepare：十分に準備されているか
Pressure：適度なプレッシャーか

POINT

・急成長するには4つのP（Person・Place・Prepare・Pressure）が必要

・適度なプレッシャーになっているかに細心の注意を払い、度合いを調整する

28

育成のNG①
指導と武勇伝を勘違いするおじさん

ここからは、育成のNG行為に関して、何点かお伝えします。

〝歳をとってやっちゃいけないのは説教、昔話、自慢話〟

これはタレントの高田純次さんの言葉として有名ですが、ビジネスにも当てはまることです。

マネジメント職に就いていると、メンバーは基本的にこちらの話を聞いてくれるので、ついついこの3つをしてしまいがちです。

とくに自分の自慢は、話していて気持ち良いので、やめられないマネージャーも多いですが、された側は迷惑でしかありません。

この節のタイトルになっている「指導と武勇伝を勘違いするおじさん」とは、実は私のことです。

恥ずかしい話ですが、メンバーが困っているときに助け舟のつもりで「自分はこうだった」「自分はこうやって成功した」と過去の武勇伝を自慢げに話してしまったことがあります。

そのときは自慢ではなく、指導のつもりで話していますが、時代も違うので何の役にも立たない、ただの迷惑行為だったと後から反省しました。

過去の話をするなら、まだ失敗例のほうが役に立ちます。

成功を活かそうとするなら、自分の昔話ではなく、組織内の最近の事例を共有するほうがいいでしょう。

●●● マネジメント側が控えるべき行動

マネージャーはチーム全体を管轄して、さまざまなプロジェクトの動きが見えているので、類似案件の情報を持っているはずです。

「Aさんのプロジェクトが近い手法だからヒアリングしてみよう」など、組織内の事例を、自身の武勇伝に代えて活用していきましょう。

ちなみに、「説教」「昔話」「自慢話」を否定した後、高田純次さんは「だから俺はエロ話しかしない」と冗談で続けましたが、マネジメント職のみなさんはそれも控えておきましょう。

続いての育成のNGは「答えを教える」です。

「魚を与えるのではなく、魚の釣り方を教えよ」という格言があります。

「魚」＝「答え」です。

答えを与えると、そのときは助かりますが、ずっと与え続けなくてはいけません。自らが答えを導き出す技術を教えれば、その先も役立ちます。

24節でお伝えしたように、答えを教えるティーチングが必要なケースも当然ありますが、安易に答えを提供してしまうマネージャーが多いことが問題です。

教えてしまったほうが手っ取り早い、という発想になりがちですが、釣りの仕方を習得させるために相手に答えを出してもらいましょう。

●●・マクドナルド理論で育成する

では、答えを伝えずに、どう相手から導き出すか。一つ手法をお伝えします。

「マクドナルド理論」をご存知でしょうか？

グループでご飯を食べに行こうとしてお店の候補が出てこないときに、「ではマクドナルドにいこう」と言うと急に案が出てくる、という事象です。

人は自分のほうが良い回答を持っていたら、提案したくなるものです。

「教えてください」と言うより、間違ったほうがアドバイスもらえるという「カニンガムの法則」にも近いです。

会議の場で、リーダーが結論に近い答えをはじめに出していないでしょうか？

それでは、メンバーは答えを受け入れるだけになってしまいます。

あえてハードルを下げた発言（提案）をして、意見の活性化を図りましょう。

メンバーがもっと良い意見があると発言することで、参加意識が芽生えモチベーションも上がります。

微妙な提案をしたらメンバーから信頼を失うのでは、と心配されるかもしれませんが、答えを出すことより出させることのほうが重要です。

出てきた意見をまとめていく力、つまり判断力と統率力がリーダーの力の見せどころになるので、そちらに注力しましょう。

POINT

- 育成NG 育成のつもりで武勇伝を語らない
- 育成NG 答えを教えるのではなく、解き方を教える

29
育成のNG②
優秀な人ほど陥る「自分のコピーをつくる」

どこの業界にも〝圧倒的に仕事ができる人〟がいます。

私自身はそうではないですが、そのような上司の下で働いた経験があります。

その上司は、頭がよく行動力も実行力もあり、社内からも取引先からもリスペクトされていました。そんなスタープレーヤーでもあり、スターマネージャーが率いる部署に私は配属されました。そのリーダーをAさんとしましょう。

部署のメンバーは、私を含めみんなAさんの声を聞き、指示を仰ぎました。

とても厳しい方でもあったので、怒られないようにと、Aさんならどうするかをひたすら考えていました。

Aさんの次にその部署のトップになったのは、真逆のタイプ。少し地味な印象ながら、優しい人徳者でした。Bさんとしましょう。

「あのカリスマの後任だから、Bさんになったらチームが崩壊するのでは……」という声も上がっていましたが、結果は、Bさんになり業績は上がり続けました。

数字的な結果に関しては、Aさんの影響が数年後に出てきた、とも考えられますが、チームのマインドは確実に変わりました。

メンバー各自が生き生きと、自ら動き始めたのです。

「Aさんならどうするか」から、「自分が何をしたいか」「自分がどう考えるか」にシフトしました。

Aさんの指示で動いていたものが、主体的に能動的に動いて、結果を出し始めたのです。

思い返すと、私自身もAさん時代は「指示にさえ従っておけば結果は自分の責任じゃない」という甘えが生じていた気がします。

自分のコピーやクローンをつくろうとしない

経営者やマネージャーのみなさんの中で、このようなことを思ったことがある方はいないでしょうか？

「自分があと2〜3人いたら」

「自分と同じように動ける部下がほしい」

これらは優秀な方ほど陥る考え方です。

自分のコピーやクローンを育てるという思想は、成長を妨げる危険な思想です。

ビジネスだけでなく、スポーツでも芸術でも、誰かのコピーを目指して、本人を超えたことはほとんどないです。

その人の劣化版、下位互換で終わってしまいます。

また、第4章でお伝えした多様性という意味においても、お勧めできません。

画一的な人格の組織は、多様な価値観が求められる時代にも逆行します。

もちろん先輩に少しでも近づこうとマネすることで、学ぶ時期というのはあります。若い頃のトレーナーとトレーニーの関係などがそうです。

「ルビッチならどうする」という言葉は、エンターテイメント業界で有名な思考法です。巨匠ビリー・ワイルダー監督が脚本に行き詰まると、師匠であるエルンスト・ルビッチならどうするかを考えていた、という逸話から生まれたものです。

このように弟子側が尊敬する師匠を自主的に頼る分には問題ないですが、マネージャーが押しつけることではありません。

●●●点ではなく、面で育てて個性を伸ばす

どれだけ成功したリーダーでも、いくら優秀なマネージャーでも、組織のトップが自分と同じコピーを育てようとしてしまうと、自主性は育たず、多様性は失われてしまいます。

それぞれの自由な動き方を支援し、それぞれの個性を伸ばしていきましょう。

「どうしても自分のやり方を押しつけてしまう」という場合は、育成係を複数名任命してみましょう。

点ではなく「面で育てる」という考え方です。

例えば、新人を「一年上の先輩」「トレーナー役の先輩」「上司」の3人で育成すれば、誰か一人のコピーをつくることもなく、多様性も保たれるでしょう。

POINT

- 育成NG 自分のコピーをつくろうとしてはいけない
- 育成係を複数名任命して、点ではなく面で育てる

30 最終ゴールは自分が不要になること

私は20代の頃、師匠といえる先輩によく仕事を見てもらっていました。

はじめのうちは、私の企画や企画書に「ここはこう直したほうがいい」とたくさんのダメ出しをしてくれました。

そのうちに言われることが徐々にわかってきて、先回りして直して持っていくと、「いいんじゃない」しか言ってくれなくなりました。

寂しさを感じて、相談する機会も減っていきました。

何年か経ち、今度は指導する立場になり、後輩が「これ見てもらっていいですか」と相談にくるようになりました。

修正ポイントが多くて、いろいろとアドバイスをしていましたが、段々と改善してきて、最後のほうは「うん、いいと思うよ」しか言えなくなりました。

後輩の残念そうな顔を見て、かつての自分と同じだなと思いました。

そのとき、実感したことがあります。


"育成の最終ゴールは、自分が不要になること"

教える人がいなくても、自分で軌道修正できるようになった状態が成長です。

自分が不要になる、というのは寂しさもありますが、また次の人を育成していけばよいだけのことです。

リーダーの成功とは？

持っている知見やスキルを惜しみなくシェアして、願わくば自分を超えていく存在に育て上げること。

また、育てた人がさらに人を育てることで、組織は加速度的に強くなります。

これができると、リーダーが何もしてないように見えて、結果を出すチームができ

あがります。

そして何より、**リーダーは楽になります。**

「丸投げ」した仕事が大きな成果を生み、相手も満足感と達成感で幸せになる。いいことだらけです。

育成は「任せる」ことに不可欠なとても重要なテーマなので、本書最大の7節に渡ってここまで解説してきました。

- ティーチングとコーチングをうまく使い分ける
- 自信を持てないメンバーはリミッターを外す
- 失敗を恐れない環境をつくる
- 十分な準備と適度な期待を与える
- 自身の成功ではなく失敗を語る
- 答えを教えるのではなく、その見つけ方を教える
- 自分のコピーをつくるのではなく、それぞれ個性を引き立てる

ここまでお伝えした「育てる」と「任せる」がリンクしたときに、最大の効果を発揮するでしょう。

この章の最後に20世紀最高の経営者ジャック・ウェルチの言葉を置いておきます。

〝リーダーになると、成功とは「他人を成長させること」になる〟

POINT

・育成の最終的なゴールは、メンバーが成長し自分が不要になること

PART 2

任せて伸ばす「丸受け」できる人材の育て方

第7章

任せる技術は褒める技術

31 褒めるテクニック

「褒める」ことをせずに、「任せる」ことはできないと言っても過言ではありません。

「褒める」ことに関しては、さまざまなビジネス本やコミュニケーション本で推奨されていますし、その重要性はすでにみなさん認識されていると思います。

ただし、やみくもに褒めればいいというわけではありません。

そこには、ノウハウやスキルや注意点があります。

この章では、どう褒めるか、何を褒めるか、いつ褒めるかなどの「褒める」コツと対極にある「叱り方」の心構えについてお伝えします。

●●●うまく褒められない原因

“師匠なんてものは、誉めてやるぐらいしか弟子にしてやれることはないのかもしれん、と思うことがあるんだ”（＊3）

これは第6章でも引用した、落語家の立川談志さんの言葉です。

上司と部下の関係においても、まったく同じことが言えるのではないでしょうか。

メンバーに対して、してあげられることの一番身近な行為は「褒める」ことです。

みなさんは褒めるのが得意でしょうか？

ビジネスの場だけでなくプライベートでも、自信を持って「褒め上手だ」と言える人は少ないでしょう。

文化的な理由もあります。日本人は褒める習慣がなく、褒めるほうも褒められるほうも照れてしまう傾向があります。

「褒める」ことがうまくできない原因はいくつかあります。

ビジネスの場では、自分（の若いとき）と比べてしまい、褒められない方が多いです。優秀で成績も良いからマネージャーになっているので、「自分はできていたのに、なんでできないのか」と考えてしまいがちです。

他に多いのは、「どこを褒めてあげればいいのかわからない」というものです。

この両者に使える最適な手法があります。

視点を変えてみる「リフレーミング」と呼ばれるものです。

●●●「リフレーミング」をうまく使う

私がマネージャーになってすぐの頃です。メンバーのAさんは働き方の効率が悪く、指導してもなかなか成果も出なかったので、褒めることができていませんでした。

そのAさんの元上司と会話をする機会があったのですが、驚いたことに、Aさんがいかに素晴らしいかを次々と挙げて褒め出したのです。

そこで私は気がつきました。問題はAさんではなく、マネージャーの自分にあったということを。Aさんの良さを自分が見つけられていないだけだったと反省しました。

元上司が褒めた部分を分析すると、「確かに見方によってはそうも捉えられるな」というものばかりでした。

これは、専門用語で「リフレーミング」という手法ですが、次の例のように一つの事象もフレームの仕方、つまり切り取り方を変えれば、ポジティブになります。

リフレーミング

大雑把 → おおらか
頑固 → ブレない・自分の意見がある
面倒くさがり → 効率的
飽きっぽい → 好奇心旺盛
仕事が遅い → 仕事が丁寧で慎重
失敗をした → 成功に近づいた

褒められないと思っていた特徴も、見方や前提を変えれば長所として捉えて、成長に繋げられるかもしれません。

「褒める」技術は、いいところを見つけ出す作業です。

褒めるところがないのは自分の問題では、と一度考えてみましょう。

うまく褒められない、というのは「褒め慣れ」していないだけのことが多いです。

まずはリフレーミングで褒める箇所を探して、褒める習慣を身につけていきましょう。

●●●「リフレーミング」はビジネスチャンスにもつながる

ちなみに、この「リフレーミング」という手法は、「褒める」ためだけの手法ではありません。視点や前提を変えてポジティブに変換するというのは、ビジネス全般に活用できる技です。

「二人の靴のセールスマン」という有名な寓話があります。

〝発展途上の国に、二人のセールスマンが靴を売りに行き、一人は「みんな裸足だからここでは売れない」と考えていて、もう一人は「みんなまだ靴を持っていない、こんなチャンスはない」と捉えた〟という話です。

後者のように考えることで、ビジネスチャンスにつなげることもできます。ぜひリフレーミングの習慣をつけて、多面的にものごとを見ていきましょう。

この節の最後に明確にしておきたいのは、**「褒める」というのは目的ではありませ**

ん。

「さらに成長してもらう」「モチベーションを高める」といった人を動かす目的があり、その手段にすぎません。

リフレーミングで褒めることに慣れてきたら踏み込んで、より本質的な、人を成長させるための「褒め方」に進みましょう。次の節で詳細を解説していきます。

POINT

- 「褒める」技術は、相手のいいところを見つけ出すこと
- 褒めるところがないのは、自分の問題かもと考えてみる
- 「リフレーミング」でポジティブな箇所を探す

＊3引用：『赤めだか』立川談春著（扶桑社）

32 「何を褒めるか」と「何を褒めないか」

「褒め慣れ」してきたら、**相手を動機づけして、さらなる活躍を促す本質的な「褒め方」**に進みましょう。

ここでは「何を褒めるか」が重要になってきます。

ビジネスの場で見た目を褒めるのもよくないし、相手が触れてほしくないポイントだったらどうしよう、など心配がつきまといます。

そこで、「何を褒めるか」の鉄則をお伝えします。

●成長を褒める

対象の人の「過去」と比べて褒めてください。

そのことで、過去よりも今、今よりも未来が成長するよう、意識も行動も変わってきます。

「もっと先へ」という原動力となります。

この方法なら、ハラスメントになったり、嫌がられるたりすることもありません。

また、過去からしっかりと自分を見てくれている、という信頼感が生まれます。

とくに若い人は顕著ですが、どんな人にも成長欲求があります。

「この会社で、この部署で、この上司の下で成長できるんだ」ということがモチベーションになりますし、また離職率の低下にもつながります。

高い離職率に悩んでいる経営者やマネージャーの方にお伝えしたいのは、成長を実感させることは、給料や労働環境と同じくらい離職率に影響するということです。

その人の中での成長を褒めて、能力を伸ばしていくことを心がけましょう。

●●●「結果」を褒めるか「プロセス」を褒めるか

「何を褒めるか」に関してよく議論になるのが、「結果」か「プロセス」か、という問題です。

私個人の意見は、ビジネスにおいては「結果」です。

子育て本では、ほぼ100%「プロセス」を推奨していますし、ビジネスの文脈でも、とくに近年「プロセス褒め」を重視する流れになってきています。

その根拠は、とある実験に基づいています。

〝子どもを二つのグループに分けて、結果とプロセスのそれぞれを褒めたところ、結果を褒めたグループは難しい課題にチャレンジしなくなった〟というものです。

ビジネスの場では、相手は子どもではありません。

褒めてもらえないから、褒めてもらえるようなことしかしなくなる、なんてことがないように、チャレンジやミッションは面談でしっかりと定義していけばいいだけのことです。

各個人、各部署が数字として結果を出すことで、組織全体として収益を出していくのがビジネスですから、「結果」重視は当然です。

成果は出なかったけど、みんな残業もいっぱいして努力したからよし、とはなりません。

どちらか選ぶなら「結果」ですが、もちろん「プロセス」がゼロではありません。

とくに経験の浅いメンバーには、「プロセス」も大切です。

新人の一番の役割は「早く仕事を覚えること」ですし、先輩について学んでいる段階では、結果にそれほど差は出ません。それよりも、長い目で見て成長できるかは、どう取り組んだかのプロセスに表れるものです。

経験を積むほど、「プロセス」から「結果」にウエイトシフトしていくと覚えておきましょう。

ここまで「何を褒めるか」に関してお伝えしてきましたが、最後に、どうしても褒める箇所がない、というときはどうすればいいかをお伝えします。

前述した「リフレーミング」をしても、誰に聞いても褒める箇所が見当たらない、成長を褒めようにも過去と比べて後退している、という厳しい状態で、褒める余地はあるのでしょうか？

そのときは、魔法のワードがあります。

「伸びしろ」

このような状態では、これ以上落ちることはないです。逆にいうと、伸びしろだけは誰にも負けてないはずです。

「伸びしろがあるんだから、何も考えずフルスイングしよう」と応援してみてください。あ、こう考えるのも、「リフレーミング」でしたね。

POINT

- 「成長を褒める」のが鉄則
- 「プロセス」と「結果」では経験を積むほど「結果」にウエイトシフトする
- 「褒める」最後の砦は「伸びしろ」

33

「いつ褒めるか」「どこで褒めるか」

この節では、「どこで褒めるか」「いつ褒めるか」を解説していきます。

まずは、とある小噺をご紹介します。


〝お米問屋の主人が、若い丁稚さんを連れてお客さんのところに行った。すると、丁稚さんがお客さんの前で大きな声で、「旦那さん着物に穴が空いていますよ」と言った。主人は顔を赤めて慌てて諭した。

「いいか、そういうことは大きな声で言わずにこっそりと教えてくれればいいんだ」

丁稚さんは納得し、しばらくすると、次は小声で主人の耳元で囁いた。

「よく見たら穴ではなく模様でした。素敵な絵柄の着物ですね」〟

ネガティブな指摘するときは本人だけに、褒めるときは大きな声で他の人にも聞こえるように言うのがいい、という前提があるのでおかしい小噺です。

人前で何かを指摘されるのは、誰でも嫌なものです。

また、指摘は周りで聞いている人も嫌な思いをします。お寿司屋さんやラーメン屋さんで、大将がお客さんの前で店員さんを怒鳴っていると心地悪いのと同じです。

〝ポジティブなことは人前でも、ネガティブなことは本人だけに〟

この鉄則は、ビジネスでも留意しましょう。

人前で叱らないというのは、ハラスメント対策にもなります。

逆に、褒め言葉は直接聞いても嬉しいですが、「○○さんが褒めてたよ」と第三者から聞くと、直接言われる以上に嬉しかったりするものです。

ただし、他の人も含めみんなに伝える「**オープンプレイズ**（**褒め言葉**）」と、本人だけに伝える「**クローズドプレイズ**」では、基準も褒め方も注意点も異なりますので次節で解説します。

●●● 褒めるときのもっとも効果的なタイミング

良い成果が出たときや面談時など、いつ褒めてももちろんいいのですが、**褒める絶好のタイミングをお伝えします。それは紹介するときです。**

メンバーを取引先や社内の他部署に紹介するときに、ポジティブな言葉を添えてあげましょう。

ここで私自身の経験をお話しします。

マネージャーになる前、先輩に取引先に連れて行ってもらったときのことです。「発想力は○○（社名）でも頭抜けてます」と持ち上げて紹介をしてくれました。

そのときは照れているだけで、あまりリアクションも取れませんでしたが、「期待されているし、良い成果を出さないと」と、その仕事にかなり力を入れてがんばった覚えがあります。

「褒める」ことで、モチベーションを高めた好例です。

今考えると、「発想力は」の〝は〟がポイントで、「コミュニケーション能力は低いですがご容赦ください」というニュアンスだったのかもしれませんが、嬉しい気持ちになり、やる気が出たことは間違いないです。

社外の人に対して、身内を褒めるのは日本では常識がない、という意見もあります。「愚妻」「愚息」といった言葉があるように、身内は持ち上げるより謙《へりくだ》るのが美徳という考えもありますが、**私はみなさんに「親バカ」ならぬ、「上司バカ」になってほしいです。** 部下のことを、社外・社内問わず、ぜひ褒めまくってあげてください。

嘘をついて褒める必要はないですが、優秀なメンバーであれば「期待の新人です」「若手のエースです」くらいの言葉を添えるのは問題ないでしょう。

紹介したメンバーも嬉しいですが、紹介された側も、「うちの部の問題児の○○です」とネガティブなことを言われるより、印象がよいはずです。

「マネジメントは拡声器」

これは、私自身が心がけていることです。

マネジメントは拡声器
○○くんは本当に優秀で、
新人なのに一人で
完璧な資料をつくった
一人で資料つくりました
新人
上司

本人に向かって褒めるだけでなく、メンバーの成果を大きな声で言いふらすようにしています。

期待されると、パフォーマンスが上がるというのは、数々の実験結果で証明されていることですが、現場での感覚値も同じです。

期待されたり、第三者経由で褒められていることを認識すると、モチベーションが湧きます。期待が能力を押し上げていくからです。

これは前に述べた「チャルディーニの法則」の一つ「返報性」に当てはまります。

「人から受けたものは、返したくなる」という原理で、期待に応えようとするのが人間の心理です。

メンバーの成果を広く伝えていくと、当然本人に仕事が回ってくるというメリットがありますが、それだけでなくマネージャーにも良い作用をもたらします。

これは逆を考えるとわかりやすいのですが、「部員がホント使えないんです」とネガティブなことばかり言っているリーダーに、仕事を任せようと思わないでしょう。

メンバーの成長と自分自身のためにも、ぜひ人間拡声器となってメンバーの活躍を大声でアピールして広めてみてください。

POINT

- 「褒める」絶好のタイミングは紹介するとき
- 拡声器のようにメンバーの成果を大きな声でアピールする

34

「褒める」の落とし穴

ここまで「褒める」ことの重要性をお伝えしましたが、〝何でもかんでもとりあえず褒めておけばいい〟というものではありません。落とし穴もあります。

一番は、褒められなかった人のモチベーションを下げてしまうということです。

本人だけに伝えるケース（**クローズドプレイズ**）ではなく、例えば部署内で表彰するときなど、大勢の前で褒めるとき（**オープンプレイズ**）はとくに気をつけなくてはいけません。

「がんばっていたから」というだけで表彰していたら、「俺だってがんばっているのに」と表彰されなかったことを不満に思うメンバーが出てくるでしょう。

「新規の扱いを獲得してきたから」という理由で表彰したなら、他の新規獲得案件もすべて表彰しないと不公平なります。

不公平はモチベーション低下につながります。

自分を見てくれていないんじゃないか、というマネージャーに対する不信感にもつながります。

表彰などのオープンプレイズでは、はっきりとした基準を設けて褒めましょう。

「売上を○%伸ばしたら」「○万円以上の新規の扱いを獲得したら」「お客さんから感謝状が届いたら」など、基準を明確にするとフェアな褒め方になります。

「何を褒めるか」はメンバーにどう動いてほしいか、その組織がどこに向かうかの指針にもなる大切なことなので、しっかりと考えて決めていきましょう。

●●● 褒めるときは他の人と比較しない

もう一つの注意点は、前の節でメンバーの成長を褒めましょうとお伝えしましたが、その逆、つまり**「他の人と比べて褒める」ことは避けましょう。**

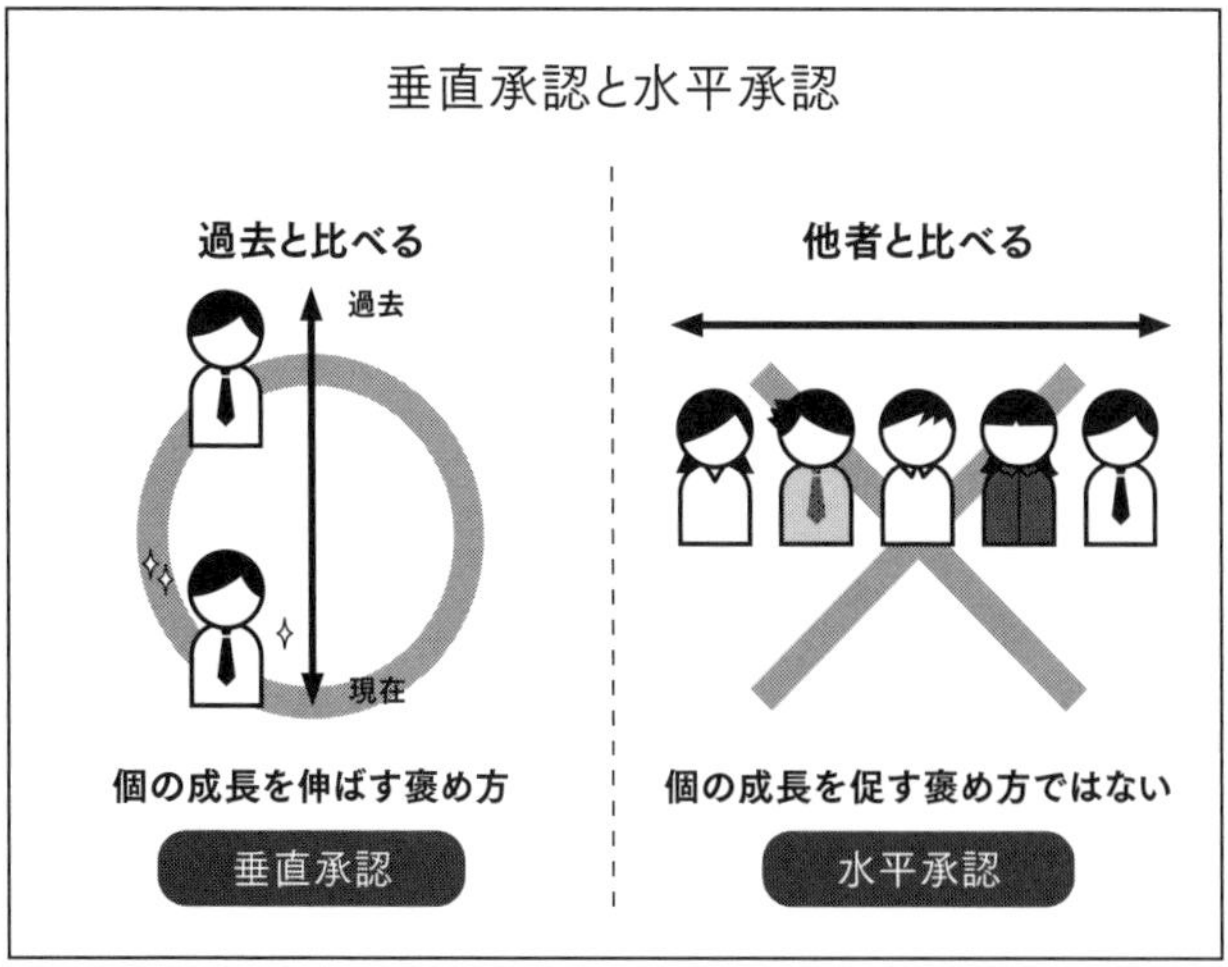

上の図のように、褒める行為には、メンバーの過去と比べて褒める「垂直承認」と他のメンバーと比べる「水平承認」の2種類あります。

「垂直承認」のメリットは32節でお伝えしましたが、「水平承認」は個の成長を促す褒め方ではありません。

プライベートで「AさんはBさんに比べて綺麗ですね」「CくんはDくんより優しいね」という褒め方をする人はいないでしょう。

このように褒められても嬉しくないし、失礼です。

プライベートではNGとわかっていることも、ビジネスの場ではやってしまいがちです。

私自身も過去に同じことをしてしまっていました。「〇〇さんは、同期でもトップ評価だよ」「△△さんより後輩なのに成果は倍もあるよ、すごいねえ」と何の悪気もなく他人と比べて褒めていました。

これらは他のメンバーを下げているように映ることもあり、陰口と同じで信頼を失ってしまいます。

他人と比べて褒めるのではなく、本人の成長やその人独自の長所を褒めましょう。任せて、成長を褒め、また任せて、そして成長を褒める、というループでぜひメンバーの能力を伸ばし続けてください。

最後に、褒めるときだけでなく、叱るなどのネガティブなことは、とくに他人と比較しないようにしましょう。

〝同期の〇〇さんはできてるのに、なんで君はできないんだ！〟

人はネガティブなことほど、他人と比べて自分を責めてしまうものです。
褒めるとき以上に、叱るときは比べないよう気をつけてください。

POINT

・表彰など大勢の前で褒めるときは、しっかりとした基準を設ける
・他の人と比べて褒めることはやめる

35

正しい「叱り方」

「徳川家康の叱り方」というのが、ＳＮＳで話題となっていたことがありました。

発信元によって多少差がありますが、大きくはこのような内容です。

徳川家康の叱り方

- ・本人だけに伝える
- ・やわらかい言葉で伝える
- ・最初に今までの功績を称えて感謝する
- ・最後にこの先も期待していると伝える
- ・家来への叱責は自分への戒めと捉える

ネットで称賛されていたもので、史実なのか定かではありませんが、現代にも通じる相手を配慮した「叱り方」であることには間違いありません。

●●●叱るときは「指摘」「指導」「誘導」をする

ここまで「褒め方」に関してお伝えしてきました。

ビジネスでもプライベートでも褒めているだけなら楽なのですが、現実はそうはいきません。

「頼んだことを全然やってくれなかった」

「やってくれたけど酷い内容だった」

「何度も同じミスをする」

誰も望まないですが、このようなケースに遭遇することもあるでしょう。褒めるだけでは対処しきれません。

また、叱ることでパワハラにならないか、相手が会社を辞めてしまわないか、と心配になる人も多いです。

前述の徳川家康の叱り方ではないですが、「叱り方」にも作法がありますので、ここからは**「正しい叱り方」**に関して解説していきます。


まず結論からお伝えすると、ビジネスの場で叱ってはダメです。

では、スルーするのかというと、そうでもありません。

相手の状況に応じて**「指摘」「指導」「誘導」**をします。

呼び方の違いではあるのですが、「叱る」という言葉には、「コラっ！ 違うだろ！何度言ったらわかるんだ！」というように、上から目線で怒っているイメージがあります。


例えば、子どもが道路に飛び出そうとした際に「コラっ！ 危ないでしょ！」と叱る。これは必要なことかもしれませんが、ビジネスの場で大人に対して「叱る」という感覚には適していません。

これでは、アンガーマネジメントができていない上司になってしまいます。

そもそも、叱る必要があるとき、その目的は何でしょうか？

相手が改善するよう促す、ということに尽きます。

「褒める」と同様に「叱る」は手段であって目的ではないです。

それなのに、感情的になって叱っている人は、そのこと自体が目的になっていたり、怒ることで気を晴らしているだけのことが多いです。

それではメンバーの行動改善にはつながりません。

〝冷静に問題を「指摘」して、なぜそれが問題なのか、どうすべきか「指導」して、改善できるよう一緒に考え「誘導」する〟

「相手を成長させる」というのが目的であれば、これが最適です。

やってはいけない叱り方

そもそも叱らない、とお伝えしましたが、とくにＮＧな叱り方をお伝えしておきます。

NGな叱り方

・みんなの前で叱る
・ネチネチと長く叱る
・人格否定をする
・すでに反省している人に対して叱る

理由はお伝えしなくても、ここまでお読みいただいたみなさんは、理解していただけるでしょう。

「重要な案件でのミス」「何度も繰り返すミス」「期待した案件でのミス」などのケースでは、怒りが収まらず、ついついやってしまいがちなので気をつけましょう。

4つ目の「すでに反省している人に対して叱る」に関しては詳細をお伝えしつつ、ではどうしたらいいのか、「**指摘**」「**指導**」「**誘導**」を具体的に解説していきます。

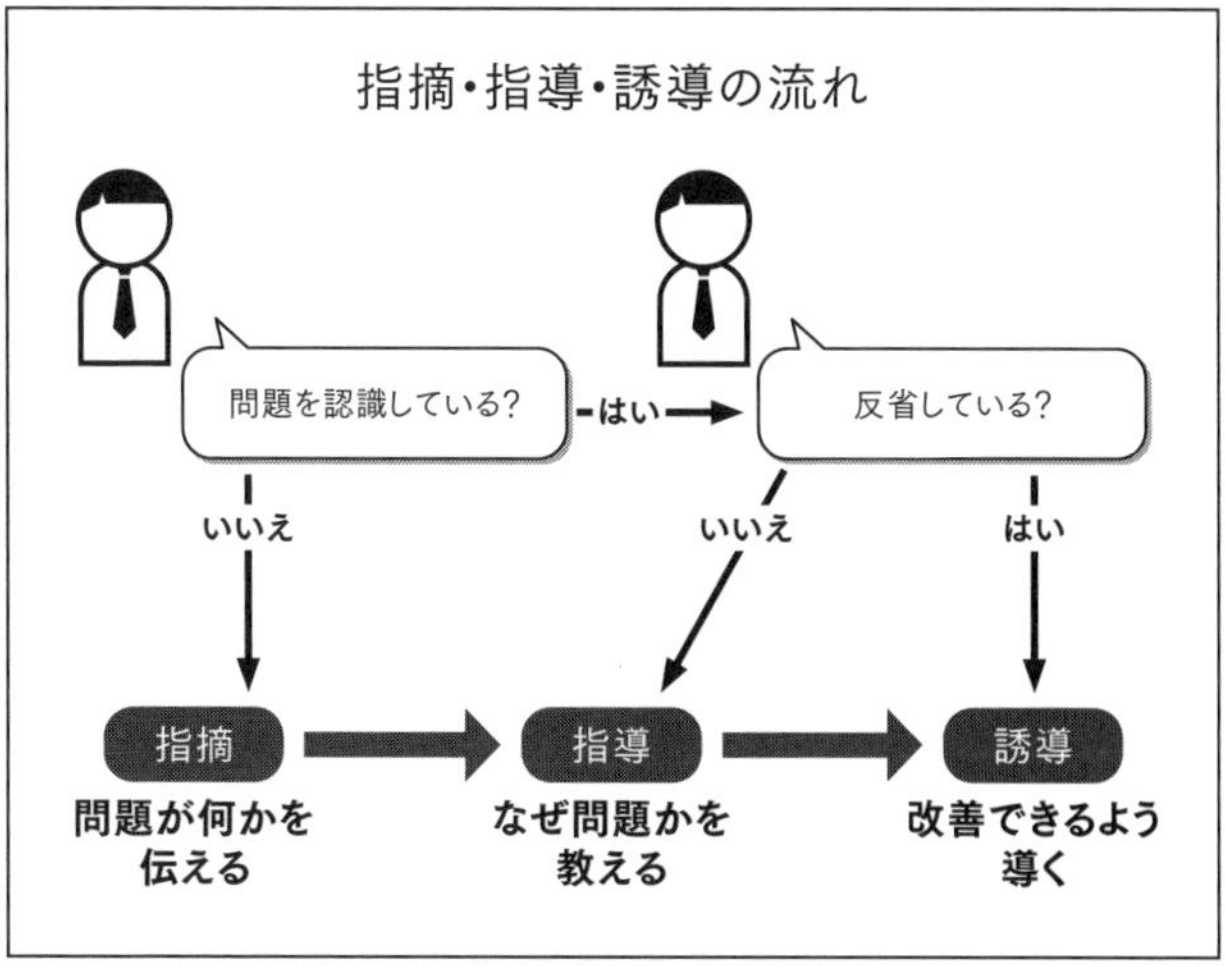

この3点は順番に進んでいくものですが、「問題を認識しているか？」「反省をしているか？」によってスタートが変わります。

例えば、メンバーが顧客の機密書類を違う顧客に誤送信してしまったとしましょう。

もし本人がミスに気づいてもいない場合は、「指摘」→「指導」→「誘導」の順に進みます。

ミスを伝え（指摘）→起きたことの重大性を教え（指導）→再発防止の対応策を一緒に考えます（誘導）。

本人がミスは認知しているけど、反省していない場合は、「指摘」はスキップし、「指導」からスタートします。

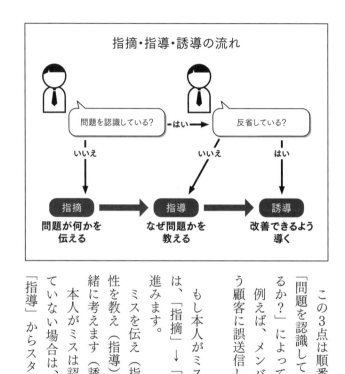

本人がミスも認知し、深く反省している場合、あらためてミスを伝えて反省を促す必要はありません。

傷口に塩を塗るようなことをしても、いいことはありません。

「誘導」に注力し、例えば添付書類を社外にメール送信する際はアラート機能をつけるとか、送る前に他の人がチェックをする体制をつくるなど、誤送信が起きないようにする対策法を考えてもらいましょう。

POINT

・「指摘」「指導」「誘導」の順で進む

・相手の状況によってスタートするポイントが異なる

36 ハラスメントにならない「叱り方」

相手にネガティブなことを指摘しないといけない際の、おすすめの手法を二つご紹介します。

●●● ①「シットサンドウィッチ」を使う

アメリカで古くからある手法で、学生時代にメイドサービスを起業して、世界トップ10CEOに選出されたクリステン・ハディードさんの奮闘記『奇跡の会社』（ダイヤモンド社）の中でも多用されているものです。

とくに〝Z世代と呼ばれる若い世代に効果的〟と紹介されています。

一言で言うと、いきなり「叱る」ことはせず、「褒め言葉で前後を挟みましょう」

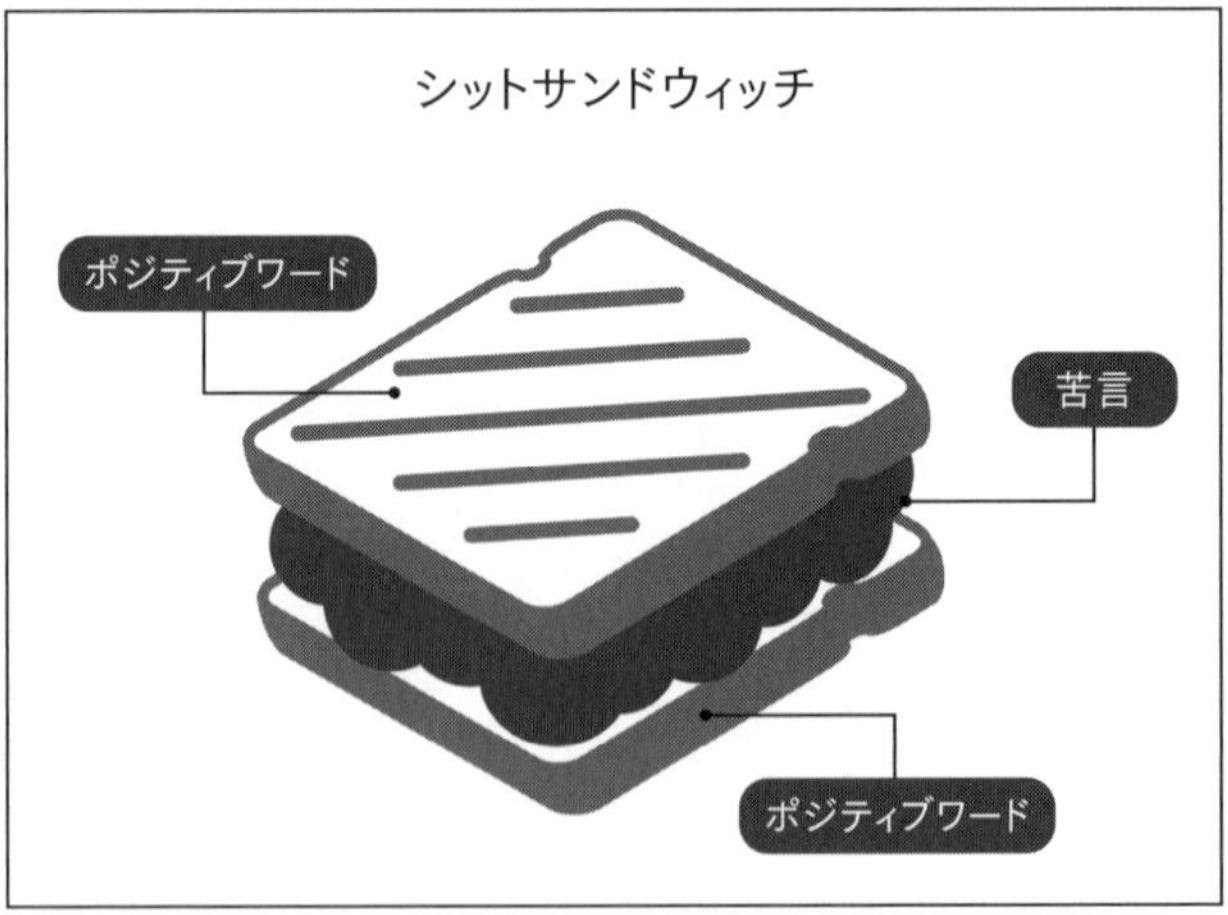

という提案です。

「シット」は本来あまり上品な意味合いの言葉ではないですが、文脈上「苦言」と捉えてください。「苦言」を良いニュアンスの言葉で挟むと、受け入れられやすくなります。

前述の徳川家康の叱り方の「最初に今までの功績を称えて感謝する」「最後にこの先も期待していると伝える」もこれに近い考え方でしょう。

ビジネスとプライベートでありそうな例で、「苦言」から伝えるのではなく、シットサンドウィッチしてみましょう。

例1「営業成績が落ちてるし、顧客への提案資料にミスが多いじゃないか」

↓

「○○さんは入社以来、ずっと上位の営業成績をキープしてるよね。でも、最近厳しい結果が続いてるし、提案資料のミスも目立ってきてるね。ポテンシャルはあるから、ミスに気をつけていけば絶対また結果が出るはずだよ」

この例文では、下線部分でポジティブな話をして、「苦言」を挟んでいます。

また、プライベートでもシットサンドイッチは活用できます。

お皿洗いをお願いして油汚れが残っていました。どう伝えたらよいでしょうか？

例2「ちゃんと洗剤つけたの？　汚れが残ってて結局やり直しだよ」

↓

「お皿洗いありがとう。コップもピカピカになってた。でも大皿だけ汚れが残っちゃってた。油が多いお皿は洗剤を多めにすると、他のみたいにピカピカになるよ」

どうでしょうか？　少しは和らげられて、次から改善してみようかなと思いませんか。

クドイ印象があるようでしたら、挟まずとも最初だけでもポジティブワードを入れてみてください。

●●・②「WHY」（なぜ言うか）を伝える

二つ目の手法は、相手が「恐縮しているとき」、もしくは「全然反省していないとき」に必要となってくるものです。

もしも相手が「すみません、すみません」と恐縮して謝っているケースでは、相手は怒られていると感じてしまっています。

目的は怒ることではなく、改善してほしいからネガティブなこともあなたに伝えているということを理解してもらう必要があります。

「ここさえ直せば他は完璧だから」「同じミスをしてほしくないから」など、なぜ指摘しているかを伝えましょう。

それとは逆のパターンで「全然反省していないとき」も同様です。

自分ごと化されていなかったり、他人のせいにしようとする場合などです。

その場合も、「ポテンシャルは高いから」「良い成果を出してほしいから」など承認や相手のメリットも添えて、理由を伝えるのがポイントです。

自分自身のことも褒める

ここまで「褒める」から「叱る」まで広く解説してきましたが、この章の締めとしてお伝えしたいことがあります。

自分自身も褒めてあげましょう。

マネジメントの仕事は大変です。

任せることができたら、丸投げが成功したら、部員が成長したら、ぜひ自分を褒めましょう。

プライベートでもお願いしたことを、相手も喜んで引き受けてくれたら、良い結果になったら、思いっきり自分を褒めましょう。

美味しいお酒でも、スイーツでも買って、自分にご褒美を与えて、褒めて息抜きをしていきましょう。

POINT

・「苦言」をポジティブなワードで挟んで伝える
・なぜ指摘しているのか、理由を伝える
・自分自身を褒めるのもお忘れなく

PART 2

任せて伸ばす「丸受け」できる人材の育て方

第8章

モチベーションの上げ方「4+1」

37

モチベーションはつくれる

〝メンバーのモチベーションをどうやったらあげられるのか？〟


これは、本当に多くの経営者やマネージャーが答えを知りたがっている問題です。

相手によって対応はさまざまなので、動機づけというトピックだけでも本一冊書けるほど奥深いものです。

モチベーションを下げる要因10パターン

そもそも、モチベーションはなぜ必要なのでしょうか。

やる気があれば、仕事の生産性やクオリティが上がり、チームの雰囲気も良くなります。

逆に、モチベーション不在のイヤイヤやる作業は、効率もパフォーマンスも悪くなります。成果が良くないので当然評価も低くなり、さらにモチベーションが低下するという悪循環に陥ります。

また、**昨今のリモートワークでの環境下では、上司の目が届かなくなり、自ら動いて結果を出す主体性が重要になります。**

やる気のない作業や、いわゆる「指示待ち人間」の状態では、それは果たせません。これまで以上にモチベーションの向上と維持が大きなテーマとなっています。

主体的に動き成果を出すモチベーションの上げ方に関して、この章で解説していきます。

モチベーションを上げることは簡単ではありません。スキルやテクニックと違ってシェアするのが難しいからです。でも、ご安心ください。

断言します。**モチベーションは、つくれる。**

「かわいいは、つくれる」という化粧品のキャッチコピーがありましたが、**対策を練ることで特別な能力やリーダーとしてのカリスマ性などはなくても、誰でもできます。**

ただ、残念ながらこれだけやればいい、という一つの解決法があるわけではありません。

なぜモチベーションが低いのか、その原因次第です。

病気はどうやって治しますか？　とお医者さんに尋ねたら、それは症状（原因）によって対処が変わる、という答えが返ってくるのと同じです。

ではまず、モチベーションを下げる要因から見ていきましょう。

モチベーションを下げる要因

1 やりたい仕事ではない
2 向いている仕事ではない
3 仕事に意義を感じない
4 将来性がない
5 仕事にプライドが持てない
6 上司が見てくれてない

7　評価されない
8　期待されていない
9　仕事に達成感がない
10　成長を感じない

ざっと10個ほど上げてみましたが、これらに対応する４つの手法と詳細をこの章で解説していきます。

まずは、ひとつ前の第7章でお伝えしたばかりで、わかりやすいものからご説明します。

モチベーションの上げ方①
「褒める」ことで、人はやる気になる

「褒める」ことは、「6上司が見てくれてない」、「7評価されない」の二つにとくに直接的に効果があります。

ビジネス本によっては、100点の成果以外は褒めてはいけない、というストイックなことが書かれていますが、私の考えは違います。

褒めることでモチベーションが湧き、100点に近づくのです。

はじめから満点はなかなか取れないものです。70点だとしても、その人なりのよいところがたくさんあるはずなので、そこを褒めて伸ばしていきましょう。

POINT

- モチベーションを下げる要因はさまざま
- その要因にあったモチベーションアップの対処法がある
- 「褒める」ことで、人はやる気になる

38

「向いてない」「やりたいことじゃない」の対応

前節に引き続き、モチベーションの上げ方を解説していきます。

モチベーションの上げ方②
「意欲と適性を考える」ことで、人はやる気になる

２１６ページで前述した、モチベーションを下げる要因のうち、

１　やりたい仕事ではない
２　向いている仕事ではない

この二つの対応をご紹介します。

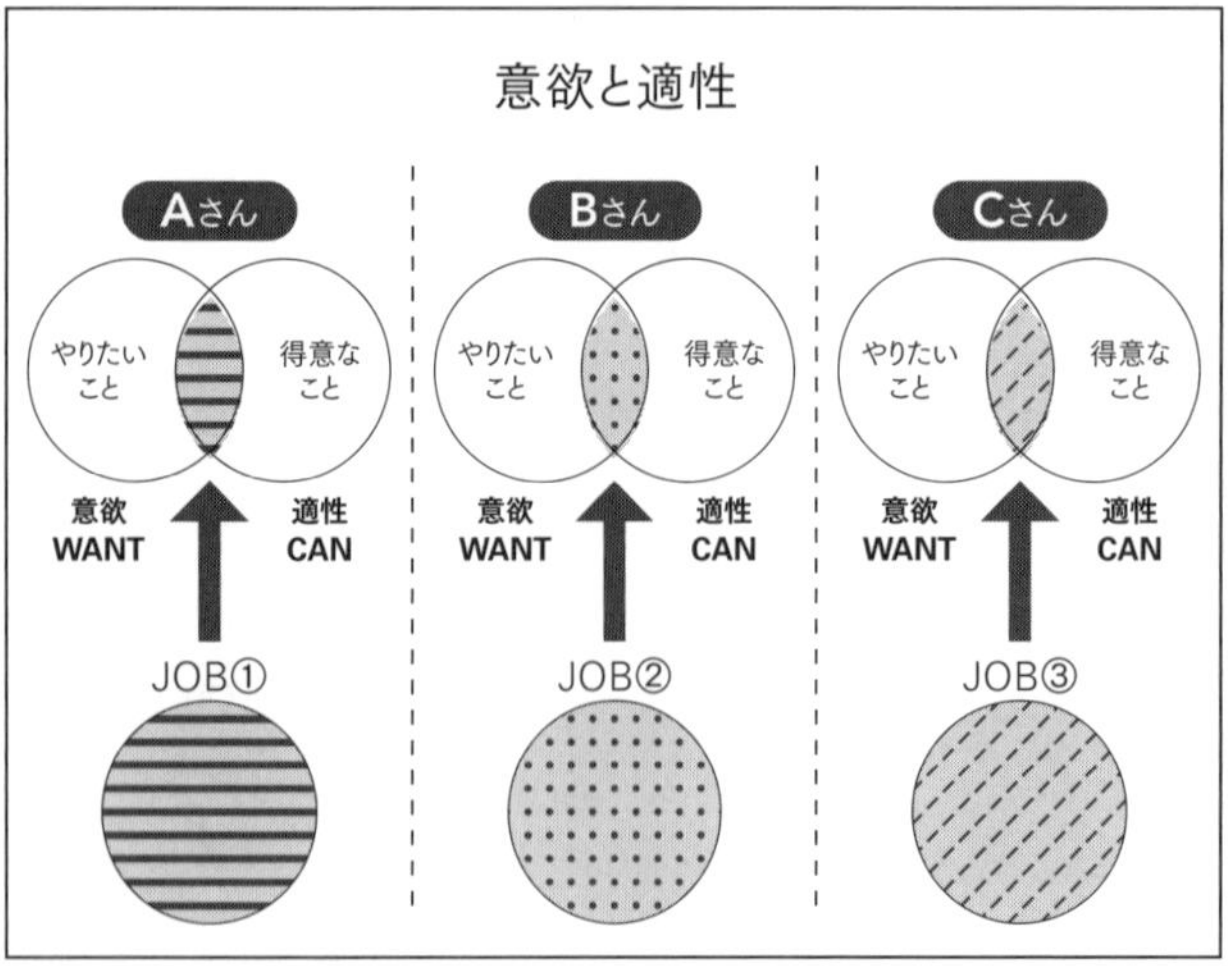

第2章6節で、相手の「意欲」と「適性」を考えるという項目で、上の図をご紹介したのを覚えていますでしょうか。

〝メンバーの「意欲」＝WANT（何がしたいか）と「適性」＝CAN（何ができるか）が重なった部分を見極め、それにマッチングした仕事を添えていく〟

こうお伝えしましたが、要因の1、2で悩んでいる方は、これができていないケースが多いです。

まず空いている人に仕事を渡し、その人の意欲や適性を仕事に寄せていないでしょうか。

それではモチベーションはなかなか上がりません。

人を仕事に寄せるのではなく、人を中心に考えて、そこに仕事を寄せていきましょう。

そのためには、3章で述べたように面談や実務を通じて、メンバーが何をしたいのか、何ができるのかを見極める必要があります。

話を聞いて、本人が認識している意欲や適性（顕在的意欲・適性）を知ることがまず基本となりますが、**本人も気づいていない潜在的意向・潜在的適性を見抜いてあげるとベストです。**

よく耳にする「1流〜3流」という言い方にすると、こうなります。

3流のリーダーは、メンバーの意欲や適性にマッチしない仕事を与える
2流のリーダーは、メンバーの意欲や適性にマッチした仕事を与える
1流のリーダーは、メンバー本人も自覚していない意欲や適性を見抜いて仕事を与える

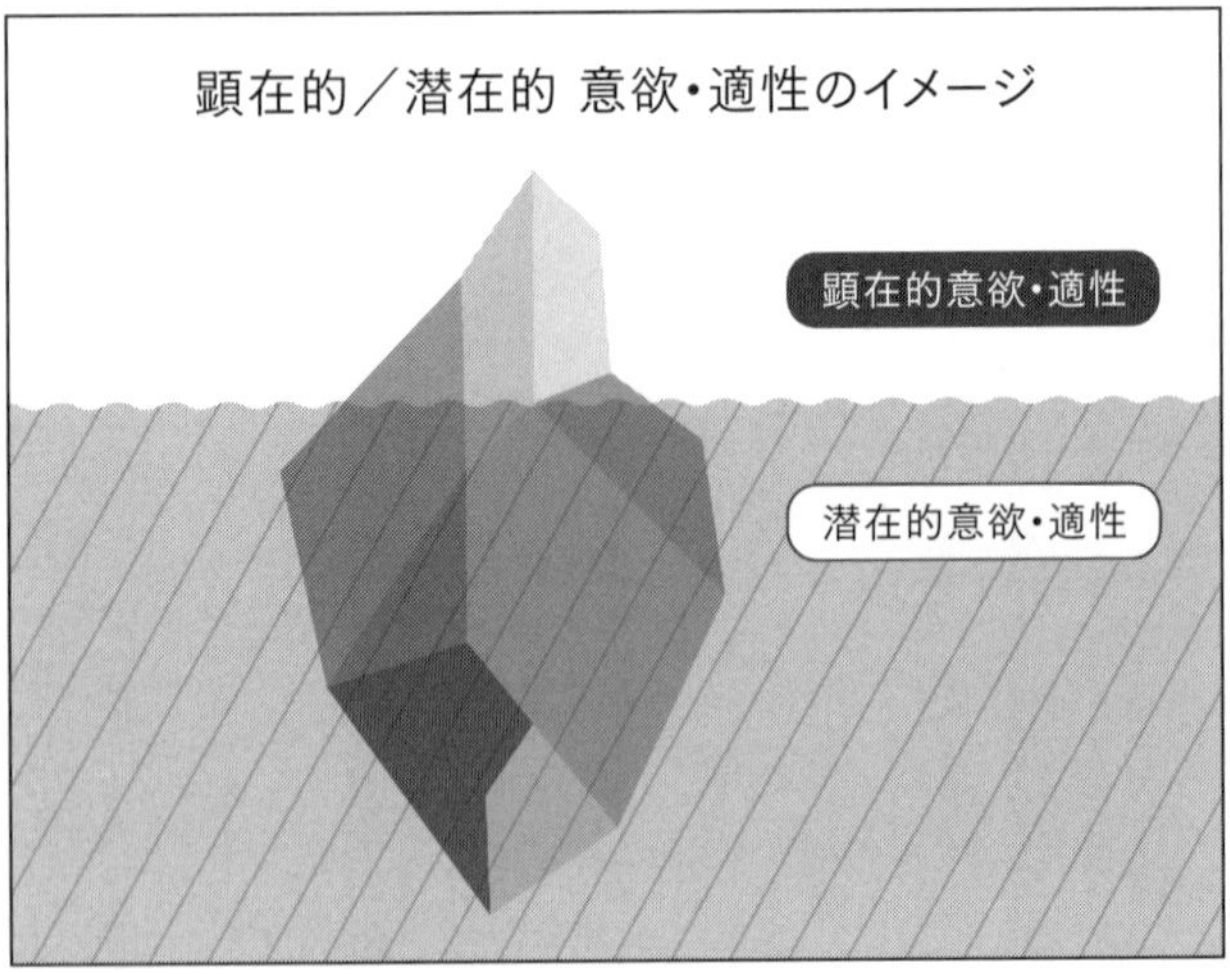

メンバー本人が考える意欲や適性だけでは、どうしても仕事の中身が偏ってきてしまいます。

好きな食べ物も、毎日食べていたら飽きてくるのと同じで、やりたくて得意な分野の仕事も、そればかりだとマンネリ化して、段々とやる気も薄れてきてしまいます。

本人が気づいている顕在化されたものだけでなく、その下に隠れた潜在的強みを発掘しましょう。

それに見合う仕事をマッチングできたとき、モチベーションは爆上がりするものです。

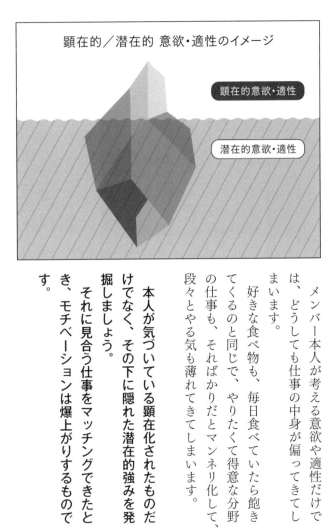

●●● 客観性を身につける

潜在的な才能を見出し、本質的な能力や適性を見極めるというのは、「言うは易く行なうは難し」です。

私も自信を持ってそれができているとは言えません。

ただ、それをするために、リーダーやマネージャーに必要な素養はわかります。

それは、**俯瞰して組織や人を見る客観性です。**

私は、リーダーは必ずしもメンバーより優秀である必要はない、と思っています。

営業であれば、セールスが一番でなくても、IT技術者だったら、誰よりもうまくコードを書けなくても問題ありません。

ただ、**リーダーはチームの誰よりも客観的に組織全体を見る必要があります。**

個人的感情、バイアス、損得勘定などに左右されず、冷静に組織を観察し、フェアにメンバーを見極めていきましょう。

客観性は情報の見方の話ですが、情報量ももちろん大切です。視野を広く持ち、さまざまな意見を吸い上げ集約しましょう。

本人から得る情報だけでなく、他部署や後輩からの「360度評価」や「才能診断ツール」などを活用するのも一つの方法です。

客観性のないバイアスを含んだ判断をしていると、この凝り固まったステレオタイプのアサインになってしまうケースもあります。

「体育会系で体力に自信がある（適性）から営業」
「話すのが好き（意欲）だから接客」
「気配りができる（適性）からサポート役」

もちろんこれでうまくいくこともありますが、本人のやる気が100%出ているかは疑問です。

人間観察の解像度を上げて深いところで理解し、多面的な情報を客観的に分析していくことで、本質的な部分が見えて、潜在的意欲・適性もわかってくるはずです。

●●●本人の意欲と適性が合っていない場合は接着点を見つける

最後に、部署内に（ご自身の管轄内に）メンバーの「意欲」や「適性」にマッチする仕事がないときは、どうしたらよいかをお伝えします。

希望とは異なる部署に配属されて、やる気を失っている場合などです。

例えば、マーケティング部署希望の新人が、営業部に配属されたとしましょう。

「マーケティング部はあきらめろ」というのは酷なので、いずれ行けると想定して、まずは今の部署で前向きに取り組んで成果を出してもらう必要があります。

ここでおこなうのは、「関連性を見つけ出す」ということです。

現場視点で、どのような商品が売れるかを知ることは、いずれマーケティング部署で生かされるものです。

このように、仕事を細分化し多角的に見て、メンバーの意向との接着点を見つけ出してみてください。

このことで、少しずつでもやる気は生まれていきます。

POINT

・本人も気づいていない潜在的意欲・適性を見つけ出そう

・そのためにも、常に客観的に組織やチームメンバーを観察しよう

39

共通目的がチームを動かす

モチベーションの上げ方③
「目的」を伝え、共に「目指す」ことで、人はやる気になる

次のモチベーションの上げ方は、共通目的を示すというものです。

「大統領と清掃員」という有名な逸話があります。

〝アメリカの大統領がＮＡＳＡの宇宙センターを訪問したときのこと。掃除をしている人が、生き生きと働いているのを目撃して声をかけたところ、その清掃員は「人類を月に運ぶ手伝いをしています」と誇らしげに答えた〟というものです。

組織全体の共通目的を持つことで、与えられた担務に誇りと参加意識が生まれます。目的の捉え方でモチベーションに大きな影響があるという事例です。

Facebookの創業者マーク・ザッカーバーグ氏も、ハーバード大学の卒業式講演でこのエピソードを紹介し、「目的意識を持つこと」の重要性を熱く語りました。

彼の場合、自社の社員を「making the world more open and connected.（世界をよりオープンにしてつなげていく）」という目的でリードしてきました。


1章1節で「3人のレンガ職人」の寓話をご紹介しましたが、もしあなたが職人さんのマネージャーであれば、つくろうとしている教会の完成した姿をイメージさせましょう。

できあがった美しい教会や、そこに集う人々の笑顔をビジョンとして示す、つまり作業の先の「目的」を伝え目指すことが、モチベーションを上げることになります。
216、217ページで前述した、モチベーションを下げる要因のうち、

3 仕事に意義を感じない
4 将来性がない
5 仕事にプライドが持てない

これらは、**チーム共通の目的を伝え、そこに向かって目指すことで解決されます。**

ここまでの話は教会だから、NASAだから、Facebookだから成立する、ということではありません。業界、職種、仕事のサイズに関係ありません。

例えば、ネジをつくる仕事であったとしても、そのネジは必ず何かの製品に使われ、生活を豊かにし、社会の役に立っていきます。

何のための作業か、どう役に立つのか、自分の仕事がどんな影響をもたらすのかを知ってつくるのと知らずにつくるのでは、やる気も満足度も大きく変わってくるでしょう。

●●・広い視野でメンバーの作業価値を高める

大成建設の企業スローガンに「地図に残る仕事」というものがあります。作業の先をイメージさせて、やる気とプライドを持たせる秀逸なコピーではないでしょうか。

リーダーの役目は、このように広い視野で作業の価値を高めてそれを伝えていくことです。

仕事を学び途中の若手に多いのは、組織の歯車の一部でしかないと感じてモチベーションが湧かないというケースです。

共通の目的を示すことで、組織の中ではたとえ小さな存在だとしても、大きな存在の一部として価値を感じます。その先の未来や将来への期待が生まれます。目的こそが人を動かす原動力となります。

『ワンピース』では、「海賊王になる」という目的があるから仲間は協力します。

『キングダム』では、「中華統一をし、平和をもたらす」という目的のためにみんなが命をかけて戦います。

もちろん身近なものでもモチベーションアップになります。

「社長賞をもらって美味しい焼肉をみんなで食べにいこう」

これも立派なチームの共通目的です。

〝I have a dream.〟から始まるキング牧師のような大演説でなくてもいいので、ご自身の組織が目指す先や、共通目的を提示することで動機づけしてみてください。

●●・マネージャーとリーダーの違い

最後にマネージャーとリーダーのニュアンスの違いをお伝えします。本書では、同じ意味合いで使用していることも多いですが、厳密には存在意義に差があります。

「リーダー」はリードする人なので、ビジョンを示し、引っ張っていく役割です。

「マネージャー」はチーム一人ひとりが最大のパフォーマンスを発揮できるよう管理する役割です。

リーダーが上から引っ張るのに対して、マネージャーは下から支えるイメージでしょうか。どちらが偉いとか、どちらが重要ということではありません。

POINT

・「目的」を伝え、共に「目指す」ことで、人はやる気になる
・目的こそが人を動かす原動力になる

40 モチベーションを上げる一番の方法

モチベーションの上げ方④
「任せる」ことで、人はやる気になる

ここまでいくつか、モチベーションを上げる方法をお伝えしてきましたが、**一番実行していただきたい手法をお伝えします。**

それは「任せる」です。モチベーションを下げる要因のうち、

8 期待されていない
9 仕事に達成感がない
10 成長を感じない

これらの要因に対し、モチベーションを上げていくことができます。

「任せる」はこの本の主題ということで、いくつかの章に渡って解説してきました。

モチベーションアップという観点で、改めて任せ方のポイントをご説明します。

ポイント1　達成可能かつチャレンジングなタスクをお願いする

第6章27節で、成長には適度なプレッシャーが大切とお伝えしました。

新入社員に「明日までに1億円稼いできなさい」というのは、チャレンジングですが達成不可能です。

逆に、ベテラン社員に「コピーをして、ホチキスの位置を間違えないようにソートしなさい」というのは達成可能ですが、なんの挑戦もなくモチベーションは上がりません。

普段からメンバーの実力やポテンシャルを観察して、現状では届かないけど少しジャンプすれば到達できる、というラインを見極めて任せましょう。

ポイント2　WHY（なぜやるか）を伝える

前述した「目的を伝え、共に目指す」に近いですが、なぜやるかを伝えて任せることでモチベーションは上がります。

この考えに近い「ゴールデンサークル理論」（＊4）をご紹介します。マーケティングコンサルタントのサイモン・シネック氏がTEDでプレゼンして話題となった考え方です。

一般的な物事の伝え方は「WHAT→HOW→WHY」であるのに対して、Apple社のスティーブ・ジョブズ氏のような影響力のあるリーダーはその逆、「WHY→HOW→WHAT」で伝えるというものです。

WHATである新商品の紹介から入るのではなく、なぜこのような商品を生み出したかったのかのWHYから始めることで、感情や直感に訴えて人を動かすことができます。

本書『任せるコツ』をプレゼンテーションをする場合、それぞれ次のページの図で順番に見比べてみましょう。

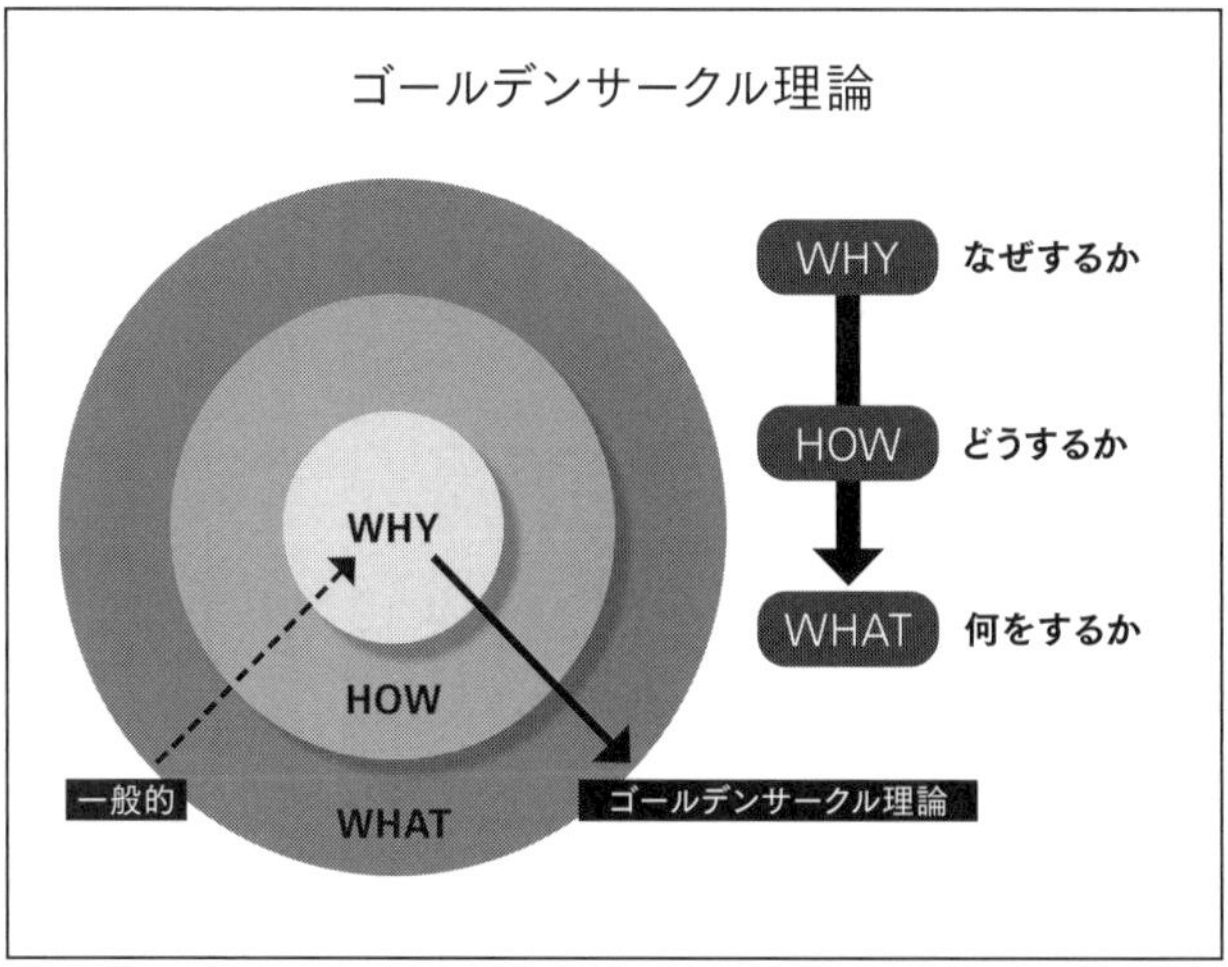

WHAT↓HOW↓WHY

〝『任せるコツ』という本を出版します（WHAT）〟

↓〝ネガティブな印象のある丸投げを肯定します（HOW）〟

↓〝それにより、任せられないと悩む方も、その周りの人も幸せになってほしいです（WHY）〟

WHY↓HOW↓WHAT

〝任せられないと悩む方も、その周りの人も幸せになってほしいです（WHY）〟

↓〝ネガティブな印象のある丸投げのイメージを変える必要があります（HOW）〟

↓〝そのために『任せるコツ』という本

を出版します（ＷＨＡＴ）〟

前者のほうが見慣れた流れで安心しますが、後者のほうがより心が動かされる印象が、個人的にはありました。

これは、ＷＨＹは大脳辺縁系が司る感情に訴えて、行動を促すことができるからだそうです。

任せるときは、なぜ（ＷＨＹ）を大切にしてみてください。

●●●やり方を押しつけず任せ切る

リーダーが示すのはゴールです。そこまでの行き方は本人に任せましょう。

「富士山の頂上へ行ってください」とお願いしたら、新幹線で新富士駅まで行って、タクシーに乗り換えて麓から歩こうが、車で五合目まで行ってそこから登ろうが、ヘリコプターで頂上まで一気に行こうが、本人の自主性を尊重しましょう。

口出しせず見守ることが大事です。

もし、富士山ではなく六甲山に登ろうとしていたら、指導する必要がありますが、前述の「適性」を考慮していれば、そこまでの人選にならないはずです。

資料作成を任せたら、フォントやレイアウトの指定まではしない、ということです。

5章20節で述べたように、「中途半端な丸投げ」はモチベーションを上げるどころか奪ってしまいます。

とくにベテランの方や年上のメンバーには注意が必要で、こまかい進め方の指示はせずにゴールを伝えて任せましょう。

「任せる」はどの低下要因にも影響がある、モチベーションアップのベースとなることなので、ぜひ実践してみてください。

POINT

- 「任せる」ことで、人はやる気になる
- モチベーションを上げる任せ方、3点に気をつける

＊4引用：TED「How Great Leaders Inspire Action」サイモン・シネック

41

成長ループをつくり出す「まみむめも」

この章でお伝えした、モチベーションが下がる要因と対策をかんたんにまとめると、こうなります。

モチベーションが下がる要因と対策

1 やりたい仕事ではない → 意欲・適性を考える
2 向いている仕事ではない → 意欲・適性を考える
3 仕事に意義を感じない → 目的を伝え、共に目指す
4 将来性がない → 目的を伝え、共に目指す
5 仕事にプライドが持てない → 目的を伝え、共に目指す
6 上司が見てくれてない → 褒める

7 評価されない　→　褒める
8 期待されていない　→　任せる
9 仕事に達成感がない　→　任せる
10 成長を感じない　→　任せる

この章ではモチベーションを下げる要因によって、上げる方法もさまざまだということをお伝えしてきました。

下げる要因と対応策の関係は、あまり難しく考える必要はありません。薬の処方と違って、症状のない人に投与すると危険、ということではないので、常にすべてを意識して問題ありません。

すでに評価されていると感じている人には、褒めてはいけない、というわけではないです。いろいろとあって覚えにくいという方のために、成長ループ「まみむめも」という便利な覚え方を一つご紹介します。

任せて、成長を促し、次のステップに進み、またそこで任す、という持続的成長支援の考え方です。

成長ループ「まみむめも」

任せたっ！
ま
「任せる」
相手の意欲や適性に沿って、適度なチャレンジがある依頼をする。
うむっ
み
「見守る」
任せたら口を挟まない。
相手を信じる。
パチパチ
む
「報いる」
成果に応じてフィードバックと褒めることを忘れない。
次は…
よしっ！
め
「目指す」
次のゴールを示し、その魅力を伝える。
なぜなら…
はいっ！
も
「目的提示」
なぜやるかを明確にする。
ま に戻る

前ページの図の流れのように、任せて、見守り、報いて、次のステップに上がるために目指し、目的を伝えましょう。そのことでモチベーションが創出されます。

モチベーションは、次のステップに駆け上がるためのハシゴのようなものです。

そのハシゴを登り、一つ上のステージに行ったら、またそこでも任せて、成長を支援していきましょう。

●●●モチベーションの上げ方＋①

最後に、番外編としてモチベーションの大切さを違う角度からお伝えします。

それは、**モチベーションは伝染する**ということです。

オフィスでやる気のない社員に囲まれていたら、一人でがんばっているのがバカらしくなってしまうでしょう。

逆もしかりです。

モチベーションを高めるには、そばに高い人を置くという方法も即効性があります。

マネージャー自身が見本となるのもよいですが、第6章で「育成は点でなく面で」

とお伝えしたように、マネージャーのあなただけが常にロールモデルになる必要はありません。

とくに相手が新人など若い方なら、もう少し世代が近く、本人から見て数年後はこうなれたらいいいな、という憧れる先輩をお手本として設定して、そばに置きましょう。

私の組織では、教育係のトレーナーやメンターを部内だけでなく、相性を考えて隣の部から任命することもあります。

目指す方向が似ていて、モチベーションの高いメンバーを一緒に組ませて仕事をお願いしてみてください。きっと良い影響があるはずです。

POINT

- 成長ループ「まみむめも」で持続的な成長を促す
- モチベーションは伝染する
- モチベーションが高い人をロールモデルとしてそばに置く

PART 2

任せて伸ばす「丸受け」できる人材の育て方

第9章

任せて最高の成果を出すために

42 最高のエンパワーメント

ここまで8章に渡り「任せる」と「育てる」の両軸で解説してきました。この二つをより効果的にするための方法を最後の章で解説していきます。

●●●「タレントマネジメント」の重要性

ここでの〝タレント〟とは才能という意味です。

人と仕事との適切なマッチングをするには、チームに所属する全員の能力や経験を情報として管理する「人材マネジメント」が重要になっていきます。

マッチングは母体が大きいほど精度も上がります。

結婚相談所を考えるとわかりやすいですが、会員が1万人いるところと10人しかいないところ、どちらが良いマッチングが生まれそうかは明らかです。

6節でお伝えした「意欲（WANT）」「能力（CAN）」にマッチする仕事は、組織の広いエリアから探したほうが適したものが見つかります。

そこで必要になるのが情報シェアです。

私が担当している組織では、各部長がそれぞれの部員の情報を発表し合う情報交換の場を定期的に設けています。

どのような活躍をしているのか、どのような仕事をしたがっているのか、どんな得意分野があるのか、余力はどのくらいなのかなどをシェアしていきます。

この会がきっかけで生まれたベストマッチは数え切れないほどあり、大きな成果につながっています。

もちろん、組織によって流動的なアサインができない場合も多いかと思いますが、チームを活性化していく鍵となりますので、ぜひご検討ください。

このようなアナログな会議という方法でなくても、組織全体の人材管理システムを導入するなど、より効果的にアサインをするために人材把握の施策を導入してみてください。

●●・プレーヤー→マネジメントへのマインドチェンジ

ここまで何度か「優秀な人ほど陥ってしまう」という事象を紹介してきました。

- ・自分のような人材がいないから任せられない
- ・完璧を求めてしまう
- ・任せ切れず途中で口出ししてしまう
- ・自分と同じように動ける人（自分のコピー）をつくろうとする
- ・うまく褒められない
- ・自分のやり方を押しつけてしまう
- ・こまかいところまで指示してしまう

これらは、現場で優秀だった人ほど思い当たる節があると思います。

〝名選手は名監督になりうるか？〟

これは昔から議論されて来たことですが、能力ではなく、考え方がネックになっているケースがほとんどです。

意識改革をして、そこの詰まりが解消されれば問題は解決します。

プレーヤーとして優秀な人が任せられるようになったら最強です。

マネージャーへと思考を変化させるために、こちらの3つをぜひ実践してみてください。

- 「自分はこうだった」という判断基準を捨てる
- こまかい指示をするマイクロマネジメントをやめる
- 権限委譲をして自主性を尊重する

このように、こまかい指示はせず、権限を持たせることこそが、近年注目されているエンパワーメント（裁量権を与え自身で意思決定することで、個人の能力を活性化すること）の教科書のようなマネジメントです。

任すことが最高のエンパワーメントになる

エンパワーメントは、リッツカールトンやスターバックスの成功事例が有名ですが、現場に裁量権を渡すことで組織は確実に活性化していくものです。

最後に明記しておきたいのは、本書の意図が、すべてのプロジェクトを任せましょう、ということではありません。プレーヤーとして、ご自身が動くことを否定はしません。

任せずに自分が現場で動く残りのプロジェクトでは、ぜひ模範となるような動きをしましょう。それが、マネージャーとしての説得力となります。

POINT

- タレントマネジメント（人材の情報管理と共有）が重要
- プレーヤーからのマインドチェンジをしていく
- 任せることが最高のエンパワーメントになる

43

「教える」より大切なのは「教えてもらう」こと

パート2では主に育成に関してお伝えしてきましたが、「教える」ことより重要なことがあります。

それは、「教えてもらう」ことです。

〝明日死ぬかのように生きよ。永遠に生きるかのように学べ〟

このような格言がありますが、管理職になったら教える側になって、学ぶのは終了ということではありません。

実際、私自身も日々の業務の中でも、チームメンバーから学ぶことの多さに驚いています。的確なアドバイスをしてくれるのは上司ですが、学んだことの総量としては、メンバーから学んだことのほうが多いとも言えるかもしれません。

いわゆる〝あがった人〟にならないように、成長し続けることが大切です。

成長という流れで、任せることで空いた時間をどう活用したらよいかを解説をしていきます。

すべて自分で動くことに比べたら、任せた分、時間の余裕ができるはずです。22節でお伝えしたように、その**時間を現場レベルの貢献より1レイヤー上の俯瞰した視座から、組織を強くすることに費やすのが第一にやるべきことです。**

もし余裕があるならば、専門的技術や知識を活かして、利益目的ではなく社会的意義のあることをするのもとても有意義な時間の使い方です。プロボノと呼ばれる活動です。

組織的な活動でなくても、自己研鑽や、新たな技術や知識を習得するリスキリングに費やすのも望ましいですし、本を読み、映画を観て、旅に出ることも、魅力的なリーダーになる人間的な素養の源になります。

リーダーは別分野の人脈や知識を身につける

また、これからのリーダーに必要な条件の一つは「越境力」です。

拡張力は、同じ分野での成長のことです。

新規契約を10件から12件に増やす、商品開発でヒットが5商品だったのを6商品に増やす、という拡張も重要ですが、**異なる分野へと越境していくマインドと能力をこの機会に身につけましょう。**

専門領域とは別の分野で人脈を構築して新しい知識を身につけることで、一つの世界に留まっていては見えなかったものが見えてきます。

異なる分野からの刺激を受けることで、今までにない価値を生み出すイノベーションが生まれるかもしれません。

越境は必ずしも難しいチャレンジでなくてもかまいません。

私自身にとっては、このように本を書くこともその一つでした。

失敗してもかまいません。

完璧を求めず、一歩でも前へ進むことを重視しましょう。

●●・リーダーも失敗を覚悟で挑戦する

本書で、幾度となく部下に失敗を経験させることの重要性を説きましたが、同じように、リーダーやマネージャー自身も失敗覚悟で挑戦してみてください。

"人間は不完全であるからこそ、未完の存在として成長し学び続けることができる"

哲学者ホッファーの言葉のように、完璧でないからこそ成長できる、と大らかな気持ちで取り組みましょう。

越境して新しいことにチャレンジすれば、それが本業のビジネスに還元できるときが必ず来るはずです。

最後に、『風姿花伝』に書かれている一説が、この節でお伝えしたいことのすべてを言い当てているのでご紹介します。

室町時代の能楽師である世阿弥が書いた、金言の宝庫といえる書物です。

〝住する所なきを、まず花と知るべし〟

（一つの場所に留まることなく、変化をし続けることがもっとも輝くことになる）

こちらは、プレーヤーからマネージャーへと移行し次のステージで花開くという、本書全体のテーマにもつながる言葉です。

POINT

- メンバーから教えてもらう姿勢が重要
- 成長し続けること、今いる世界から越境することが大切

44 「部下の手柄は俺のもの」の新解釈

マネージャーというポジションの最後の担務として、ぜひ二つのことを実行してみてください。

●●● ① 次世代リーダーの育成

一つ目はプレーヤーの育成ではなく、ご自身の次に組織を引っ張るリーダー人材の育成です。

成果が出ると、背負う責任も徐々に大きくなっていきます。

はじめは10人のチームのリーダーだったのが、50人、１００人と管理下にあるメンバーが増えていくこともあるでしょう。

しかし、全員を完全に把握してケアするのは不可能です。

１人がしっかりと管理できる人数は、最大でも10人と言われています。

漫画『キングダム』でも、５人組のリーダー「伍長」がいて、その伍長を束ねる「百人将」、さらに「千人将」というように、小さなユニットの積み重ねで組織が機能しています。

組織の全員を管理するのではなく、本書でお伝えした「任せる」「育てる」を実践していく次のリーダーを育成していきましょう。

特殊な方法は不要です。ここまでお伝えしてきた任せ方と同じことをするだけです。

- まだまだできないと判断せず任せてみる
- こまかいやり方は口出ししない
- 失敗を体験させる
- 目的やゴールを共有し、フィードバックをする次のリーダーが育ってきたら、ぜひその新しいマネージャーと42節でお伝えした情報共有をしてください。人材の流動性をもたせることで、組織はさらに活性化して成果を出していくでしょう。

●●●②マネジメントを楽しむこと。そしてその姿を見せること

もう一つやっていただきたいことは、①の「リーダーを育てる」にもつながるのですが、管理職の醍醐味を伝えていくことです。

マネジメントをしていて心から思うのは、奥深く難しい反面やりがいがあり、とても楽しい業務であるということです。

確かに、マネジメント作業は陽の当たらない、一見、地味とも取れる仕事です。

正直、私自身もマネジメント業務の割合が増えたときには寂しさもありました。業界内の功績を称える場で表彰されたり、講演でスピーカーとして登壇したり、メディアから取材を受けるといった華やかで輝かしい場から遠ざかってしまいました。

しかし、マネジメントを通して、その何倍もの喜びを新たに得ることができました。

メンバーが成果を出し、喜ぶ姿を間近で見られるのは至福の体験です。組織の成長のために試行錯誤することは、創造性に富んだクリエイティブな仕事だと日々感じています。

昨今、管理職にはならずにプレーヤーのままでいたい、という人が増えてきています。これも多様性の一環なので否定はできないですが、もしそれが「つまらなそう」「つらそう」という理由が原因なら、誤解を解いてあげてください。

私のチームにもかつてそのような部員がいました。

その部員はプレーヤーとして大活躍していたので、その状況を続けたいという意向があり、昇進を拒んでいました。しばらくして、昇進を受け入れたときに理由を尋ねると、以前私が発した言葉が要因の一つになっていたと話してくれました。

「マネジメントになってチームを持つというのは、喜びが何倍にもなること。部員が活躍したり成果をあげたり昇進するたび、単純に喜びが増えてお得だ」

これは彼に昇進させるために言った、嘘ではなく本心です。

●●●リーダーとなりチームを持つことは、喜びが増えること

あまり関わってもいないのに、その仕事が評価された途端に「あれ、俺やったんだ」と自慢げに言いふらすことを「あれ俺詐欺」と呼ぶらしいです。

これは感心できない行為ですが、チームメンバーの活躍を自分ごととして捉えて喜ぶことに関しては推奨します。

失敗が起きれば責任を感じ、うまくいけば大いに喜ぶ。

「部下の手柄は自分のもの」というと横取りしているようで聞こえが悪いですが、それぐらいのスタンスで、部員の成果や成長を自分のこととして捉えてください。

マネジメント職が多幸感に包まれたポジションになっていくでしょう。

そして、その魅力をぜひ口に出してメンバーに伝えてみてください。

昇進するとあえて愚痴を言ったり、いかに不遇かを語る傾向が日本にはあります。

「部長なんて大変なだけだよ」「現場のほうが楽しい」「残業代がつかない管理職なん

て、なるもんじゃない」といったように、哀愁たっぷりで語ってないでしょうか。

海外出張に行った人が「いや〜大変でした。つらいだけでした」と言いがちなのと同じで、浮かれていると思われたくないという計算や、昇進の照れ隠しで言っているにせよ、なくしていきたい慣習です。

マネージャーの責務として、夢を持たせる必要があります。ぜひ全力で楽しんで、その楽しさを思いっきり語ってください。

とくに、女性のマネジメント職が少ないことが社会問題となっています。読者の女性リーダーの方は、ぜひ楽しむ姿を見せて憧れる存在となってください。

POINT

・自分の次のリーダーを育てる
・メンバーの成果は自分のことのように喜ぶ
・マネジメントを楽しむ姿をメンバーに見せる

45

最後は、愛。ギブ&ギブ

最後の節となりました。

ここまでお読みいただいて、全体が理想主義すぎるという印象を持たれた方もいらっしゃるかもしれません。

しかし、実際に私はこの手法で成果が出て、強い組織に成長したという自負があり、自分自身の経験をもとに嘘なく書いた結果、このようになりました。

〃相手を信じて任せることで成果が出る〃

これは、性善説に基づいているマネジメント思考であることは否めませんが、現実主義で性悪説の代表とも言える「韓非子」にでさえ、このような記述があります。

〝巧詐《こうさ》は拙誠《せっせい》に如《し》かず〟

（巧みに人を利用するのは、不器用な誠実さに及ばない）

誠実さを持って接すれば、人は動き、成果はついてくるという解釈を私はしています。

ドラッカーの『マネジメント』でも、「真摯さなくして組織なし」という項目でこのようなことが語られています。

「無知や無能、態度の悪さや頼りなさには、寛大たりうる。だが、真摯さの欠如は許さない。」（＊5）

理想論かもしれませんが、チームメンバーを大切に思い、成長と幸せを本気で考える誠実で真摯な姿勢が、何より大切と強く信じています。

つまり、究極、最後は〝愛〟なんだと思います。

ここまでテクニック論をお伝えしてきて、急に感情論のようになってしまいましたが、やはり大切なことです。

●●●心を開いてほしい相手には自分から好意を示す

とはいえ、「真摯に向き合うこと」「信じて愛すること」が難しいメンバーがいることもあるでしょう。

・伝えたことを全然やらない
・やる気がそもそもない
・向こうがこちらを嫌っている

このような場合、相手を好きになれないこともあるでしょう。しょうがないです、人間だもの。

急に相田みつを風になってしまいましたが、当然のことです。

そんなときの対処法として、最後の寓話をお伝えします。

30〜40年前、子どもの頃の記憶なので定かではないのですが、『まんが日本昔ばなし』というテレビ番組でこのような話がありました。

〝とある村のお嫁さんが姑に虐められてつらく悩んでいました。ある日、和尚さんに相談して、その姑さんに死んでほしいと伝えました。

和尚はある薬を渡して、「これを飲ませれば一週間後に亡くなる、その代わりに一週間は姑に優しくし続けろ」と指示しました。

亡くなるのがわかっているので、その日からとにかく優しく接していたら、姑さんのほうも心を開いてどんどん優しくなり、関係が改善していきました。７日目にお嫁さんは慌てて和尚さんのところに行き、泣きながら死なないでほしいと懇願しました。すると和尚は薬に害はない、優しく接してほしいだけだったと伝えました〟

相手の心を開いて関係を改善したければ、まずはこちらから好意を示せという教えでした。

本書でもたびたびお伝えしてきた、チャルディーニの「好意」に、ここでもつながりました。

まずはこちらから先に与えること。そして、マネージャーとメンバーの関係は、ギブ＆テイクではなく、ギブ＆ギブです。

●●・見返りを求めず与え続ける

恋愛において、見返りを求めて何かをして幸せになった人はいないのと同じで、ビジネスでも、「こっちはこれをしてあげたのに」という気持ちでは、うまくいきません。

陰で支え、存在さえ忘れられるぐらいがちょうどいいです。

ビジネスの指南書としても人気が高まっている老子の言葉を最後にお伝えします。

〝太上《たいじょう》は下《しも》これあるを知るのみ。その次は親しみてこれを誉《ほ》む。その次はこれを畏《おそ》る。その下はこれを侮る〟

（もっとも理想的なリーダーは部下から存在すら意識されない。それより劣るのは部下から尊敬される人。さらに劣るのは部下から恐れられている人。最低なのは部下からバカにされているリーダーだ）

後半は当然ですが、一番が尊敬される人物ではなく、存在すら忘れられている人というところがポイントです。


感謝されなくても、注目されなくても、静かに成果と成長を眺める。

そんな、「空気のようなリーダー」を目指しましょう。

●●・空気のようなリーダーであれ

空気のようなリーダーになると、あなたのチームは「あのリーダーは何もしてないように見えて、なんで成果を出すのだろう」と不思議がられるでしょう。

ビジネスでもプライベートでも、お願いごとをした相手が達成感と満足感を得ることができるでしょう。

そして、そのことであなた自身も次のステージへと躍進できると確信しています。


全9章45節に渡り、さまざまなことをお伝えしてきました。

どれを実践するか、しないか。ここからあとは、みなさんにお任せします。

では、良い「丸投げ」を。

POINT

- メンバーと真摯に向き合い見返りを求めず与えることからはじまる
- 存在すら忘れられる「空気のようなリーダー」を目指す

＊5引用：『マネジメント［エッセンシャル版］-基本と原則』ピーター・F・ドラッカー著／上田惇生訳（ダイヤモンド社）

おわりに

ここまでお読みいただきありがとうございました。

いかがだったでしょうか？

「丸投げ」と聞いてもっと楽だと思ったのに、ずいぶんといろいろすることがあるなという感想を持たれたでしょうか。

また、知っていたこと、知らなかったこと、まったく逆の考えを持っていたことなど、さまざまだったかと思います。

知っていることと、やることは、まったく別物です。

実践をすることが重要です。

明日からできること、そして、特殊な能力が必要ないことに絞ってまとめたつもりですので、ぜひ実行に移してみてください。

そして、もし有意義に感じていただいたことがあったら、周りの方にお薦めくださ い。そのことで、任せて幸せになる人が広がっていくのが、私が理想とするところで す。

また、チームメンバーにしていくだけでなく、逆にご自身の上司にしてほしいと思ったら、そっとデスクにこの本を置いてみてください。

私自身もここに書かれていることが、すべて常に実行できているわけではないですし、すべてが正しいと言うつもりもありません。

業界によって、組織によって当てはまること当てはまらないものもあるでしょう。

納得感のあった項目から取り入れてみてください。

また、そのときのフェイズによって見え方が変わってくるものです。

今は当てはまらないものでも、係長、課長、部長、本部長、役員、代表とポジションが変わると、使えないと思っていたテクニックが有効になることもあります。

まずは、現時点で腑に落ちたポイントに線を引き、実行してみてください。

そして、役割が変わったタイミングでぜひ読み返してみてください。線を引くところが変わるはずです。以前は新しく思えたことが、すでに当たり前のことになっていたら、身についた証です。


さて、本文の中にあえて書かなかったことが一つあります。

それは「信頼関係の重要性」です。

決して軽視しているわけではありません。リーダーシップはフォロワーシップがあって成り立つものです。

どんなことを伝えるにしても、任せるにしても、信頼関係が築けていないとうまくいきません。

多くのビジネス本や育成の本にもその重要性は書かれていて、「まずは信頼関係を築きましょう」と第一章から書かれていたりしますが、私は不満に感じていました。

当たり前すぎるからです。

「ビジネスで稼ぐには売り上げを大きくしましょう」

「モテるには、相手から好かれましょう」と言っているようなもので、それよりもどうやってその信頼関係を築くのかが大切なのです。

良いニュースは、**この本で書かれていることを実践することこそが、メンバーとの信頼関係を築くことになります。**

本のタイトルを「信頼関係を築くコツ」に変えても成立するぐらいです。ぜひ、実践して相手と良好な関係を築き上げてください。

最後に。

この本はお気づきのとおり、自慢できる成功体験をまとめているというより、私自身の多くの失敗をもとに書かれています。

このような失敗を繰り返すマネジメントを許容してくれた会社と、私の上司の任せ方にも感謝したいと思います。

もしも自由にマネジメントをすることを止められていたら、この本も存在しなかったでしょう。

主体性が主体性を呼ぶ。
任せることで成長の連鎖をつくり出す。
本書の主題とも言えることです。

また、この本の出版のきっかけをくださった「日本ビジネス書新人賞」事務局のみなさま、プロデューサーの永松茂久さま、すばる舎のみなさまに深く御礼申し上げます。

本を書く原動力となった家族と、家族のようなチームメイトにもありがとうを。
では、読んでくださったみなさんも、そしてみなさんがお願いごと依頼をした方も、幸せになることを願って筆を擱くことにします。

2023年6月吉日　山本渉

「山本渉Twitter」　https://twitter.com/yamamotowataru_

著者プロフィール

山本渉（やまもと・わたる）

引きこもりを経験し、高校を中退後アメリカに留学。大学でマーケティングとエンターテインメントを学び卒業。帰国後、国内最大手のマーケティング会社に入社。プレイヤーとして結果を残し、30代でマネージャーに任命され数多くの失敗を経験する。チームメンバーの話をとにかく訊いて深く理解し、最後はメンバーを信じて完全に任せることでメンバーも組織全体も成長し活性化していく。現在はジェネラルマネージャー兼部長を束ねる統括ディレクターとして、小さなプロジェクトから100億円を超える大型案件まで、年間100近いプロジェクトをメンバーに依頼している。

任せるコツ

自分も相手もラクになる正しい“丸投げ”

2023年 7 月12日　第 1 刷発行
2024年 5 月 5 日　第10刷発行

著　者　　山本渉

発行者　　徳留慶太郎
発行所　　株式会社すばる舎
〒170-0013　東京都豊島区東池袋3-9-7 東池袋織本ビル
TEL　03-3981-8651（代表）　03-3981-0767（営業部）
FAX　03-3985-4947
URL　https://www.subarusya.jp/

プロデュース　永松茂久
ブックデザイン　池上幸一
印刷・製本　モリモト印刷

落丁・乱丁本はお取り替えいたします

ISBN978-4-7991-1143-7